数字未来
文化创意与明日商业
DIGITAL FUTURE

巩强◎著

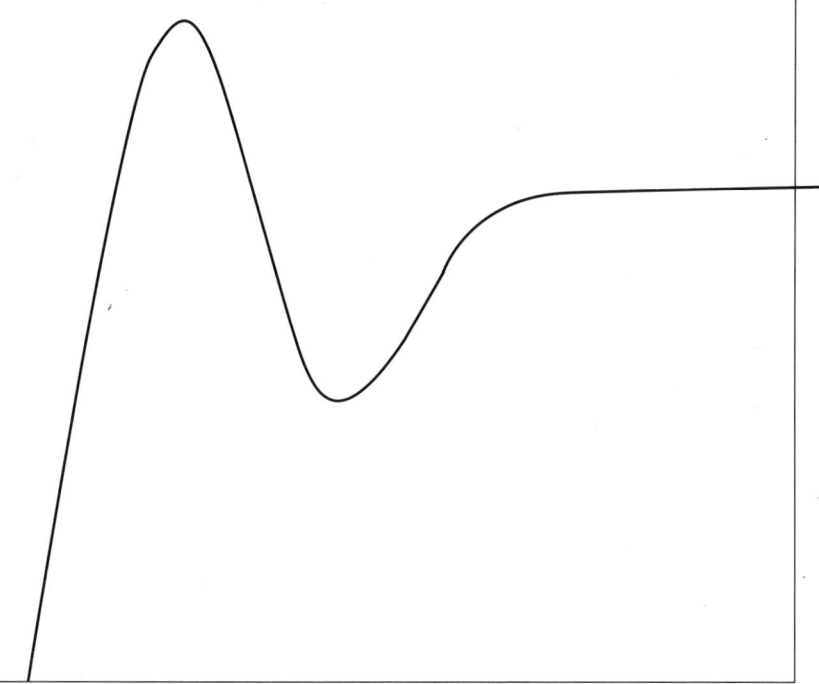

电子工业出版社
Publishing House of Electronics Industry
北京·BEIJING

目录

前言
下一个时代的文化创意产业

01 第一章
源流：数字文创的演化故事

第一节
文森特·梵高的文创宇宙　// 002

第二节
文化创意产业简史　// 010

第三节
旅游纪念品、文创雪糕与盲盒　// 017

第四节
重新定义数字文创　// 024

第五节
想象力变现进行时　// 031

02 第二章
数智：数字文创的技术图景

第六节
底层生态：文化资源的数字转化　// 040

第七节
关键技术：文化生产的数字革新　// 059

第八节
终端应用：文化消费的场景拓维　// 084

03

第三章
赋形：数字文创的产品迭代

第九节
产品演进：现实与虚拟的双向奔赴 // 106

第十节
数字藏品：万物皆可NFT // 118

第十一节
虚拟数字人：是数字，亦是人 // 131

第十二节
未来文旅：欢迎回到真实的远方 // 149

04

第四章
万象：数字文创的商业探索

第十三节
沉浸：消费是体验，而非理解 // 162

第十四节
焕活：以传统赋能当下，以当下呼应传统 // 178

第十五节
化身：始于千人千面，终于真实可感 // 195

第十六节
共情：一代人有一代人的精神疗愈 // 211

第十七节
共益：能解决多少社会问题，就能收获多大增长 // 226

05

第五章

灵境：数字文创的明日想象

第十八节
元宇宙：下一个超级数字
场景　// 244

第十九节
数字伦理：在当下与未来
之间　// 255

第二十节
人文经济学：可持续的商业
创新　// 266

后记
当我们不再理解世界

前言

下一个时代的文化创意产业

世界已经是新的了。

如果我们将人类直立行走的那天,到 ChatGPT 正式上线之间的时间跨度视为一条线,那么这条线在历史长河的大多数时间里是接近水平的,只在最后 0.006% 的时间里才陡然变得垂直。当前时代的缩影是炫目的刷新和极致的冲击,数字技术正在加速更新我们与世界互动的方式,进而彻底改变我们对世界的理解。我们当然知道技术迭代会使社会发生不可阻挡的转变,但我们没有预料到这种转变的速度会如此之快,以至于我们可以在有生之年见证并参与人类发展历程中前所未有的文明跃升。此时,未来世界的讯息正如远处雷声殷天动地而来,震颤着矗立在风暴中的人心。此刻,我开始写作《数字未来:文化创意与明日商业》,只为探讨一个问题——下一个时代,文化创意产业将如何发展。

自然界中没有飞跃

历史与当下,相映成趣。现在与未来,互为因果。

从早期"文化产业"的概念在经济学意义上奠定学理基础[①]至今,文化创意产业的兴起与发展不过短短半个世纪。故事才刚刚开始,一如晨起曙光散去,天色正亮。长期以来,学术界并未就"文化创意产业"的内涵和外延达成共识。实际的政策运营或产业统计对其行业门类、测定方法和统计标准亦无定论。回首文化创意产业风起云涌的历程,世界各国基于自身的优势禀赋和产业解读,衍生出了不同的发展模式和产业划分类型。伴随顶层战略和制度设计层面的内容落地,世人皆有各自的认知理解,既有共识又充满分歧。

为什么我们很难给"文化创意"(简称"文创")这个概念一个一致的定义?原因就在于文创总是处于"现在进行时",每一个时

[①] 1966年,美国经济学家威廉·鲍莫尔和鲍温合著的《表演艺术:经济学的困境》,为"文化产业"概念在经济学意义上奠定了学理基础,被公认为西方文化经济学的奠基之作。

期所探讨的文创都随着当时的技术发展而动态更新。仅仅探讨文创产品的设计、风格、意义或材质,不足以把握其主旨。然而,正如古希腊哲学家亚里士多德(Aristotle)所言:"自然界中没有飞跃。"万事万物皆有其来处。正所谓,你能看见多久的历史,就能看见多远的未来。

本书第一章"源流"首先带领读者走过文创产业演化的长久历史,行文略带学术口吻,可能对于希望系统性认识数字文创来龙去脉的读者会有所帮助。在这一部分内容里,我们的视野从"文创产品"的样态革新,扩展到"文创产业"的观念变迁。看见国际文化、社会、技术和商业之间的紧密交织,文创产业的功能边界与计算机、互联网、信息、通信等数字技术不断融合,催生出关于"数字文创"的概念衍生和研究探索。我们通过观察记录文创产业发展进程中的若干历史事件与社会现象,有幸从千头万绪中理出一条文创产业动态演化的脉络,最终得以为数字文创勾勒出相对完整的轮廓框架和准确定义。

终有池塘半满的一天

池塘里的荷花第一天开放一小部分,以后每天开放的数量是前一天开放数量的2倍,到了第30天的时候,池塘恰好被开放的荷花完全铺满。那么请问,池塘被荷花填满一半的日子是哪一天?答案是第29天。这是一个经典的数学问题，也是对我们目前大致处境的极端隐喻。21世纪以来，数字技术爆发式迭代，宛如池塘中的荷花般疯长。它不仅渗透进了生活与商业的方方面面，还将继续书写关于未来人类生存境遇和生存方式的可能性想象。

文化与技术，互为表里，在人类文明演进的过程中始终扮演着重要的角色。曾几何时，我也笃定地认为文化创意产业是靠想法和感觉做事情的行业。优秀的从业者就像艺术家一样，需要凭借直觉、本能、杰出的洞察力和感受力，甚至还要加上些许运气，方能创造出令人赞许的佳作，直到数字技术突然间成长为一种惊人的创意力量，仿佛工具本身就能替代人类心灵的精巧创作。或许此时的你还未能直面这场混沌无序的变革所产生的巨大冲击，但浪潮的余波早已将文创领域的许多传统观念击碎。

本书第二章"数智"将与读者一起来到时代的池塘边，从技术解读的角度审视文创场景的革新，了解数字文创的底层逻辑和技术生态，希冀可以对深刻嵌入文化创意产业的数字技术多一份理解和洞察。在这一章里，我们可以看到新的数字技术为文化创意产业的发展提供的丰富可能性。在技术与文化相互塑造、持续演进的过程中，以人工智能、空间计算与区块链为代表的关键性技术力量正在塑造这个领域的未来。它们让文化的生产和消费变得触手可及，让创意的价值在虚拟与现实之间自由流动，让产业的发展与数字技术创新更加密不可分。在底层生态和关键技术的支撑下，数字文创正在以多样化的形式进入我们的日常生活。它不仅丰富了我们的感官体验，更激发了我们对于文化内容的探索和创造。在终端应用层面，我们见证了新的商业模式和经济增长点的形成，文化消费在内容、形式、渠道、体验等多个维度上不断拓展创新，融合共生。

当我们将技术和文创一起讨论的时候，我们说的不仅是新技术，更是新想象。此处我们所谈到的可以影响数字文创发展走向的技术，有些早已成熟商用，有些则尚在萌芽状态。我们不仅需要认识和理解技术本身，更需要重构未来数字资产和财富创造的观念支点。

从文创到数字文创

何谓"文创产品"？

深度求索（DeepSeek）给出的解释是："以特定文化元素（如传统技艺、历史符号、艺术形式等）为内核，通过创意设计与现代技术重构，形成的兼具实用功能、审美价值及文化传播属性的商品形态。"在这个定义之下，文创产品可谓包罗万象，无所不在。根据汉娜·阿伦特（Hannah Arendt）的说法，人类生产的产品可以按其"持存性"（Permanence）分为两类，第一类是消费品，如食品、饮料、日常用品等，这类产品通常被设计用于一次性使用或短期内消耗，被使用后很快就会失去其价值或功能；第二类是耐用品，如家电、家具、数码产品等，这类产品被设计用于长期使用，它们可以保持其功能和价值较长时间，甚至可以被多次使用或在一定周期内重复使用。耐用品通常需要更多的维护和保养，而消费品则更侧重于即时满足需求。

那么，文创产品应该被划为哪一类呢？首先，文创产品不是生活必需品。哪怕有些文创产品是对米、面、粮、油之类的生活必需品进行的再设计，但它所兜售的依然是创意而非功能。其次，文创产品在功能上属于耐用品，在需求上属于消费品。人们可能会因文创产品在情感表达、文化体验和价值追求等方面唤起的冲动而消费，但很多在下单时候爱不释手的文创产品，易时易地之后也会被束之高阁、落满尘灰。因此，文创产品和普通商品在本质上的区别在于，文创产品必须具备将原材料通过人类的创意劳动转化为文化产品的过程。它不仅是一个创意"物化"的过程，更是我们所处的这个时代强烈文化精神活动的具象化。

截至今日，我们已经经历了流行文化的兴起和数字技术的急剧拓展，人类生存活动已迈入实体空间与虚拟世界双轨并行的新纪元。本书第三章"赋形"将把视线从传统文创产品转移至数字文创产品的呈现形式上。数字文创产品本身包含了所有传统文创产品的特质，同时又有其独特的艺术形式和文化实践。从整体上看，数字文创产品的演进可以概括为两条并行不悖的轨迹：从现实走向虚拟，或是从虚拟回归现实。囿于前沿技术的落地性，我们当前所能接触到的数字文创产品精品寥寥。放眼数字文创产品开发的趋势，我们可以将其设想为三个阶段。第一个阶段是赛博迁移，是对物理世界的虚拟再现和数字映射，是对现实世界的再创造和再想象，是数字技术与文化产业结合的初步探索；第二个阶段是虚拟重构，是基于虚拟世界的自我创造，是个性化与创新性的自由表达，是人类社交互动与经济活动的全新涌现；第三个阶段是虚实融生，是虚拟与现实的无缝连接，是数字身份与现实身份的深度融合，是人类生活方式和生存状态的全面革新。

当我们熟悉的商业世界变得陌生

文创不仅仅是情怀，更是商业。

伴随工业文明而来的商品经济与消费主义，塑造了普通人对于商业的基本感知。许多在今天被认为是必需品的商品，在一百年前甚至根本不存在。商品日益成为我们外化的身份，让我们追随，也让他人寻获。文创产品可以提供独特的符号、审美和情绪价值，从而得以在汹涌的时尚浪潮中占据一席之地。随着关于技术未来的主流预测逐渐接近目标，我们发现数字文创正在从各种你能想到，或者意想不到的角度进入我们熟悉的商业世界，并开始把它变得陌生。消费者需求的内容和层次从物质满足到精神丰盈，从延时供应到即时满足，从物理需求向虚拟存在不断拓展，也让满足这些需求的数字文创商业逻辑变得全然不同。

数字文创是技术的文化载体，也是面向未来的商业形态。本书

第四章"万象"所关注的不是若干个商业案例，而是更广阔的未来趋势。在数字文创商业中，文化、技术、经济将被视为一个整体来研究。在这一章里，我归纳了五种典型的数字文创商业类型，将其总结为五个关键词——沉浸、焕活、化身、共情、共益。沉浸式数字文创商业是人类感官不断被机器赋予新感知能力的必然，是文创商业体验边界的全面突破。未来所有的线下项目都值得按照沉浸化的方式重做一遍。焕活式数字文创商业是古老与新潮的时代共鸣，是传承与创新的相生逸趣。它正成为品牌"蝶变"的文化源泉，为数字文创商业解锁更多创意可能。化身式数字文创商业使我们置身于迈向虚实融生、人机并存的数字人类纪元前夕，探讨商业活动迁移至未被开垦的新世界之后的"人、货、场"。共情式数字文创商业则以社交狂欢、娱乐解压、艺术疗愈等多元的商业形态走进大众视野，虚拟商品消费成为时代情绪的出口，引领着新消费和新经济的走向。共益式数字文创商业引导商业创新的起点、动力和目标立足于人，使企业价值主张与人的深层次需求产生共鸣，并以此为基点推动数字社会进入商业向善的可持续发展议程。

只有未来永不过时

想象尚未发生的现实，比书写历史更难。每隔一段时间，新的技术应用和概念故事就会涌现，每一次都能激起关注者的狂欢，如同循环涨落的潮汐,周期性牵引着社会的发展,也刷新着时代的记忆。本书第五章"灵境"将从技术、治理和经济三个热门话题说起,前瞻性地"涂绘"关于数字文创的明日想象,逐步勾勒出一个即将到来的未来。在技术端,元宇宙富有想象力地描绘了数字技术给人类社会的发展进步带来的充满无限可能的生活图景,展示出对于人类世界物理性、生物性和社会性的全面虚拟化。关于这个涉及人类未来生活方式、工作方式和社会结构的深刻议题的探讨,自其诞生至今始终不绝于耳。在治理端,面对技术前景未知的元宇宙,有人恐慌彷徨,有人奋勇激进。但无论如何,数字技术已经给现有社会生态和秩序规范带来了颠覆性的冲击和破坏。我们不仅要关注科技对人类的自我异化、人与人之间发展的不平衡问题,还要审慎对待碳基生命和硅基生命混合共生的新型数字伦理问题。在经济端,面对日益复杂化、动态化、多元化的世界变局,亟须回归以人文精神为核心的价值判断体系,以科学理性和人文精神的有机结合刺激经济增长与文化繁荣。

已知有涯,而未知无涯。面对技术与需求的迭变,我们需要搭建一种新的观念框架,来帮助我们进行清晰且深刻的思考。在本书中,我尝试探索和描绘下一个时代的文化创意产业经济发展图景,建议重新观察世界的可能方式,希望激发读者们的参与和探讨。书中所举的案例可能会随着时代前进而被淘汰,但本书所呈现的系统性思考仍具有较大的参考性。远方的绿洲正在等着我们,让我们一起穿越这片没有地图指引又遍布危险的荒野。

01

第一章
源流：数字文创的演化故事

文森特·梵高的文创宇宙
文化创意产业简史
旅游纪念品、文创雪糕与盲盒
重新定义数字文创
想象力变现进行时

第一节　文森特·梵高的文创宇宙

每个人心里都有一团火，

路过的人只看到烟。①

当"艺术殉道圣徒"文森特·梵高在画布上涂绘金黄色向日葵和灰蓝色星空的时候，谁也无法想象他在死后会成为全球最有影响力的艺术家之一。回顾梵高短短三十七年的坎坷人生，无人理解他为清醒和坚持承受了多少痛苦。在一封写于1888年的信里，梵高曾说："如果我的画卖不出去，我也无能为力。然而，但是总有一天人们会发现，这些画的价值远不止我们投入的那一点颜料和生活成本。事实上，这些画卖得一点都不贵。"有时我们不禁遐想，如果梵高能在有生之年看到自己的成就，以及世界对他的认可，那该是件多么幸运的事。可惜历史没有如果，他死后，世界才报之以遗憾的惊叹。

---

① 出自《梵高手稿》（1880年7月）。原文翻译为："人的灵魂里都有一团火，却没有人去那儿取暖，路过的人只能看到烟囱上的淡淡青烟，然后继续赶他们的路。"

第一章 源流：数字文创的演化故事

1890年3月，距离梵高走完人生旅途仅仅剩下四个月的时间，他在布鲁塞尔的一次展览上以400比利时法郎的价格卖出了《阿尔勒的红色葡萄园》(The Red Vineyard at Arles)[①]。这是梵高生前售出的唯一一幅画作。那时候的人们不知道该如何倾听梵高画作里澎湃而又绚烂的呐喊，但今天事情发生了戏剧性的变化："梵高"在全球变得家喻户晓，这一名字不再仅仅指代一位艺术家，而是逐渐演变成一个璀璨夺目的文化符号，一桩商业价值巨大的文创生意（见表1-1）。

表1-1 梵高作品拍卖价格TOP 10[②]（截至2022年12月）

画作名称	拍卖价格/万美元	拍卖时间	拍卖行
《有柏树的果园》	11718	2022年11月	纽约佳士得
《加歇医生的肖像》	8250	1990年5月	
《田野里犁地的农夫》	8131.25	2017年11月	
《没有胡须的自画像》	7150	1998年11月	
《橄榄树和柏树间的木屋》	7135	2021年11月	纽约苏富比
《阿里斯康的道路》	6633	2015年5月	
《雏菊与罂粟花》	6176.5	2014年11月	
《在暴风雨的天空下》	5401	2015年11月	
《鸢尾花》	5390	1988年11月	
《阿尔勒的基诺夫人》	4033.6	2006年5月	

---

① 梵高的布面油画作品《阿尔勒的红色葡萄园》，创作于1888年11月，现藏于莫斯科普希金博物馆。
② 数据整理自2022年12月之前的公开媒体报道，未包含个人卖家与收藏机构之间的私售。

时隔百年，梵高已跻身西方美术史上开宗立派的大师行列，其画作日益成为艺术机构和全球富豪们竞逐的对象。拍卖场上令全场哗然的落槌价格，不仅屡屡打破名画竞标价格的纪录，还时常激起人们的一声声叹息。生前无法通过画画养活自己的梵高，却以其"所思甚深、所感甚柔"的不朽杰作滋养了后世规模庞大的梵高文创宇宙。

大约从20世纪30年代起，西方开始形成一股势不可当的"梵高热"，这股热潮在全球持续蔓延，经久不衰。世界各地的人们围绕梵高生前创作的2000多幅画作，衍生设计出海量的文创产品。在淘宝网上以"梵高"作为关键词搜索，可以看到长达数百页的商品名录，涵盖潮玩、丝巾、胸针、文具、手机壳、装饰画等各类文创衍生，其中不乏知名奢侈品牌的限量款跨界联动产品。

这些以"梵高"为名的文创产品，大体可分为两类。一类是由拥有梵高原作的博物馆或美术馆主导的设计开发，另一类是社会各界基于梵高的公共版权进行的二次创意。知乎上面曾有人问："为什么梵高的作品已经进入公共版权领域，商用还得博物馆或美术馆授权？"

事实上，根据《保护文学和艺术作品伯尔尼公约》[①]的规定，梵

[①] 《保护文学和艺术作品伯尔尼公约》(*Berne Convention for the Protection of Literary and Artistic Works*)，简称《伯尔尼公约》，最初于1886年9月9日在瑞士伯尔尼签订，是世界上第一个国际版权公约，也是目前著作权国际保护领域影响最大的多边条约。1992年10月15日，中国加入该公约。截至2019年7月4日，该公约的缔约国总数达到177个。

高画作本身的著作财产权①确实早已进入公共版权领域,可以不经著作权人或其继承人的许可直接使用,且可不支付许可使用费。进入公有版权领域,意味着任何人都可以免费地分享和使用作品资源,通过再版、改编、再创作等各种形式,继续扩大原作的文化影响。

如今梵高画作真迹散落于全球各大美术馆和博物馆。比如,梵高最为人熟知的作品之一《星月夜》(The Starry Night),原作现收藏于纽约现代艺术博物馆(MoMA)。如果你想一睹原作风采,你不仅可以在美术馆官方的线上渠道欣赏免费开放的高清图像资源,还可以在谷歌艺术与文化(Google Arts Project)、维基百科(Wikipedia)之类的知识共享平台轻松下载超高清版本。需要特别注意的是,每幅名作电子版超高清图片的背后,都是一项耗资巨大的数字采集工程。采集生成的数字文件在法律上被视为二次创作的作品,是受到相关著作权法律保护的。因此,将名画原作数字高清资源直接拿来作商业开发用途,仍需要获得对应藏家的授权许可。

由于官方收藏机构对梵高画作拥有近水楼台的先天优势,所以它们也便成了创建梵高文创宇宙的风向标。其中,荷兰梵高博物馆(Van Gogh Museum)作为当前世界上展示梵高黄金时期珍贵画作最多、最集中的场所,在梵高文创开发和IP授权方面极具代表

---

① 著作权分为著作财产权和著作人身权。对于一般文学艺术作品而言,《伯尔尼公约》给予的著作财产权保护期通常为作者有生之年及其死后五十年。然而,著作人身权是永久性的,不存在到期问题。

性。早期荷兰梵高博物馆的文创产品开发以旅游纪念品和名作复制品为主，后来逐渐发展到文具、服装、配饰等多个周边领域。博物馆还与路易威登（Louis Vuitton）、积家（Jaeger-LeCoultre）、范斯（Vans）等众多国际知名时尚品牌进行跨界合作，为梵高艺术作品不断注入时尚文化的缤纷活力。数据显示，荷兰梵高博物馆每年获得的政府支持资金约为700万欧元，占其全年运行支出的11%左右，剩余89%的支出则依赖门票收入、文创商店和咖啡厅的收入，其中衍生品销售毫无疑问是荷兰梵高博物馆的重要收入来源之一，荷兰梵高博物馆因此被誉为"当今世界上盈利能力最强的博物馆之一"。

2015年，梵高逝世125周年，各国以梵高为名的纪念展览数不胜数。观众对梵高的热情持续高涨，博物馆也在以一种非常开放的姿态，寻找新的主题视角和新的文创形式，力图用更为鲜活的体验吸引观众的注意力。这一年的8月，时任荷兰梵高博物馆执行馆长的阿德里安·多兹尔曼（Adriaan Dönszelmann）带着"邂逅梵高"巡回展来到中国。"邂逅梵高"本质上是一场没有原作出现的商业展览，主题结合了梵高生活、创作及影响力等多种元素，将梵高画作、私人信件、家庭照片以数码影像和视听布景的方式呈现，真实还原梵高创作的环境及生活的时代，带领参观者体验梵高所留下来的美妙艺术。在博物馆不外借展品的情况下，仅仅靠投影仪和屏幕替代原作展出的方式，起初引发了巨大的关注和争议。虽然批评者众多，门票价格不菲，但参观者依然络绎不绝。自此之后，通过多媒体感映技术呈现梵高作品的展览声势日趋浩大，逐渐成为梵高文创开发中较为成熟的商业模式。当年仅在中国就有8场名为"不朽的梵高"的主题展览，累计门票收入过亿元。随着技术呈现手段的不断进步，以梵高为主题的常态化沉浸式体验馆也如雨后春笋般涌现，参观者可以在精心制作的现场光影中进入梵高的数字世界，恍若与梵高隔空仰望同一片星夜。

一千个人眼中，有一千个梵高。2017年，英国电影工作室BreakThru Films和Trademark Films在荷兰梵高博物馆的授权下，邀请来自15个国家的125位艺术家创作的电影《至爱梵高》(*Loving Vincent*)正式上映。这部电影在后来荣获第90届奥斯卡金像奖最佳动画长片提名。艺术家根据梵高的120幅画作和800多封个人信件，创作出1000多幅手绘油画。他们让每一幅画层层变化，加工出6.5万帧画面，最终成就了一个时长约95分钟的完整故事。影片独特的影像表达，获得了全球艺术和电影爱好者的一致好评，取得不俗的口碑与票房。同时，它也和在此之前上映的与梵高生平有关的29部电影、78部纪录片、数不胜数的跨媒介改编，以及畅销数千万册的各种传记一起不断丰富着梵高文创宇宙的内容。正如荷兰梵高博物馆的推广策略所言：艺术家仅凭画作本身是不足以成为影响世界的顶尖流行符号的，更重要的是要唤起社会大众的认同，以个人故事讲述时代故事，并能使每一个时代中的人都产生情感共鸣。无数关于梵高的故事，发展出多个自相矛盾的版本。真实的历史早已消失在时间的迷雾中，而作为流行文化偶像的梵高却在不断的叙述中被定格为世界性的公共记忆。

在"梵高"主题文化资源的开发中,消费无疑是最切实的"润物细无声"的一环。在《至爱梵高》上映前,荷兰梵高博物馆授权在香港1881广场开设了亚洲首家梵高艺术空间体验店(Van Gogh SENSES)。这个空间以梵高的画为设计灵感,将梵高艺术和日常生活做了巧妙的融合,不仅空间色调与画作配色相近,而且把梵高的艺术元素充分应用到空间内的各处细节——包括餐厅、咖啡、花艺、装饰、周边零售等,甚至空间内所售餐食的创意也源于对画作的二次创作。梵高艺术空间体验店将经典艺术作品与生活消费场景相融合,让更多没有机会置身博物馆的观众也能感受到梵高作品的魅力。随着人们越来越关注商品消费的文化符号加成,以多元化品类呈现的梵高文创产品日益受到新一代年轻消费者的追捧。从跨界产品到空间体验,再到融合新兴技术生成的NFT(Non-Fungible Token,非同质化代币)数字藏品、沉浸式数字互动体验等,梵高的影响力从天价艺术品持续浸润到日常生活衣食住行的各个领域。

故事发展至此,梵高文创宇宙已基本成形(见图1-1)。

梵高生前曾说:"没有什么是不朽的,包括艺术本身。唯一不朽的,是艺术所传递出来的对人和世界的理解。"他以自己的痛苦和激情,表现人间的喜悦和壮丽。这是他作为史上最伟大的艺术家之一给后人留下的礼物,也是整个梵高文创宇宙开发的原点和基石。人们逐渐认识到梵高艺术作品的魅力之后,便将他的画作保存在博物馆和美术馆里,以供瞻仰和观看。后来,梵高和他的画作成为世人取之不尽用之不竭的创意源头,与流行文化和大众消费紧密

第一章 源流：数字文创的演化故事

共生，打造出精彩绝伦的可供参与和体验的商业可能。然而，在产品业态纷繁变化的背后，人和内容之间的连接和触点依然存在偏差。数字技术的更新迭代，正在给传统的文创产品开发带来冲击，聪明而又挑剔的文化消费者希冀与艺术家作品有更深刻的互动。因此，当前文创产品的开发，不仅需要适应最新的数字技术手段，更需要重塑数字文创时代的价值创造逻辑。这将会是一段关于"文化"和"创意"的旅程，一场关于"未来"和"共创"的叙事，一种关于"线上"和"线下"意义的重构。正确的答案不止一个，我们追寻的结论或许隐藏于那些经由想象力融合新技术而创生出来的新场景、新模式、新业态之中。

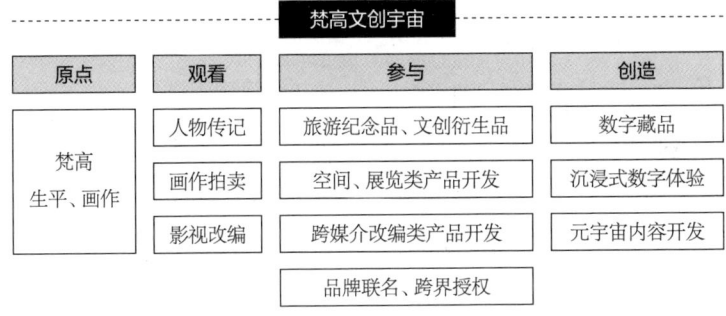

图1-1　梵高文创宇宙发展脉络梳理

第二节 文化创意产业简史

文化创意产业是一个兼具丰富性和复杂性的概念,诞生以来相似术语颇多,争论频频,歧义迭出。回溯其发展脉络,它大体经历了从对"文化工业"(Cultural Industry)[①]的怀疑批判,到对"文化产业"(Cultural Industries)的全面接受,再到对"文化创意产业"(Cultural and Creative Industries)的争相追捧的观念变迁。

在我们所处的这个时代,各种新奇、时尚的文创产品充斥周遭。文化和创意于各行各业中衍生出无穷的新产品、新服务、新市场,被认为是全球经济和社会发展的重要推动力。追溯这股观念勃兴的动力源头,我们需要把目光首先聚焦于海外。

在英国,文化创意产业习惯性被称作"创意产业"(Creative

---

① 20世纪40年代,德裔犹太哲学家西奥多·阿多诺(Theodor Adorno)和马克斯·霍克海默(Max Horkheimer)在《启蒙辩证法》一书中针对美国社会存在的"文化商品化"现象进行了批判。

Industries)①。作为世界上最早提出"创意产业"概念并运用公共政策推动创意产业发展的国家,英国敏锐地感知到了传统工业转型的压力,于是通过在法规、政策、税收、资金支持等方面的一系列重要举措,不断促进创意产业的崛起与繁荣,率先享受到了创意产业发展的红利。在过去数十年的发展进程中,创意产业拯救了英国经济,让英国从落寞的"世界工厂"摇身一变,成为当代的"全球创意中心",全方位增强了自身的核心竞争力。在英国政府决定大力推动创意产业发展之前的1995年,英国创意产业净收入约为307.85亿美元,产值约占国内生产总值的4%,已经超过任何一项传统制造业创造的产值。到2000年,英国创意产业产值已超过615.7亿美元,约占国内生产总值的7.9%。2020年初,英国创意产业的增长速度是经济整体增长速度的5倍,提供了210万个就业机会,每年大约为英国经济贡献1405亿美元的产值。作为全球文化政策的先驱,英国提出创意产业体系包含"产品、服务、艺术品及工艺"三大类,共13个子类,这一分类体系得到世界各国尤其是英联邦国家的广泛认可。在目睹英国创意产业对国民经济的拉动效应之后,世界各国相继调整产业政策,推动文化创意产业发展。

---

① "创意产业"的概念是澳大利亚政府于1994年在其政府工作报告中首次提出的。之后英国政府在《创意产业专题报告》(Creative industries mapping document)中首次对创意产业进行了界定,明确规定创意产业必须是基于个人智慧与才华发展起来的产业,是运用知识产权来创造经济财富的产业。

数字未来：文化创意与明日商业

在美国，文化创意产业被称为"版权产业"（Copyright Industries），主要是指生产经营具有版权属性的产品或作品，并依靠版权保护而生存发展的产业。在此定义下，美国将版权产业划分为4个门类（见表1-2），并将其纳入北美产业体系中，被北美国家广泛采纳。1996年，美国版权产业的出口首次超过汽车、农业、航天等传统产业，版权产业发展成为支柱性产业和第一大出口创汇产业。到2017年，美国版权产业增加值已超过2.2万亿美元，占美国国内生产总值的比重达到11.59%。与英国创意产业强调"创意"有所不同的是，美国政府将版权保护上升到国家战略高度，致力于推动版权保护国际合作，通过建成全球保护范围最广、相关规定最详尽的法律系统来提升美国版权产业的国内与国际竞争力。为了适应数字化时代对版权产业发展的要求，美国早在1998年10月就通过了《跨世纪数字版权法》(*Digital Millennium Copyright Art*)，针对数字技术和网络环境发展的特点，积极实施数字化版权保护。在开放的市场环境和严格的法律保护之下，美国版权产业逐渐发展出形态多元且高度产业化的商业运营模式，孕育了好莱坞、迪士尼、百老汇等众多文创企业典范。版权产业在给美国带来巨大经济效益的同时，也极大地促进了美式文化价值观在全世界范围内的强势传播。

表1-2 美国版权产业分类体系

类 别	核心内容
核心版权产业 Core Copyright Industries	出版与文学；音乐与剧场制作、歌剧；电影与录像；广播电视；摄影；软件与数据库；视觉艺术与绘画艺术；广告服务；版权集体管理协会
部分版权产业 Partial Copyright Industries	产业内的部分物品享有版权保护，较典型的有：服装、纺织品与鞋类；珠宝与钱币；其他工艺品；家具；家用物品、瓷器与玻璃；墙纸和地毯；玩具和游戏；建筑、工程、测量；室内设计；博物馆
边缘版权产业 Non-dedicated Support Copyright Industries	以批发和零售方式向消费者发行有版权的作品，如书店、音像制品连锁店、图书馆、电影院线、因特网及相关运输服务业等
关联版权产业 Interdependent Copyright Industries	生产和发行的产品完全或主要与版权物品配合使用，如电视机、收音机、录像机、CD、DVD、录音机、照相机、电子游戏设备以及其他相关设备的生产或使用企业

欧盟和日本通常将文化创意产业定义为"内容产业"（Content Industries）。这个概念最早出现在1995年欧洲委员会组织并主持的"七国集团信息技术部长级会议"上，后来被日本、韩国等国家和地区所采用。2000年，欧盟在其信息规划中对"内容产业"给出了准确定义：制造、开发、包装和销售信息产品及服务的产业。其中主要包括在各种媒介上的印刷品、电子出版物和音像传播内容，部分国家和地区将软件开发销售也计入其中。从定义上可以看出，内容产业发源于传统媒体和出版业。长期以来，文化内容的存在高

度依赖载体。比如，人们常常会说"读书看报"，但很少有人会说"我在看内容"。随着数字技术和互联网技术的发展，传统的媒体和出版业的边界被打破，文化产业和信息产业融合重组。Web2.0打开了内容涌现的闸门，内容产业迎来"人人都是创作者的时代"。在此后每一次媒体技术升级的过程中，更多的个体被卷入，新的内容形态迸发，一代又一代的内容明星涌现。

各个国家和地区依据自身的优势和产业解读，衍生出不同的发展模式和产业分类体系。但无论以英国为代表的"创意模式"，还是以美国为代表的"版权模式"，抑或是以欧盟和日韩为代表的"内容模式"，其本质都是对"文化生产和消费的基本机制"的解读。步入21世纪的第二个十年，在互联网继续发展的同时，人工智能、区块链、云计算、大数据和物联网（统称"ABCDI"）等新一代数字技术纷纷进入商业应用阶段，数字经济发展速度之快、辐射范围之广、影响程度之深前所未有，正推动人类生产方式、生活方式和社会治理方式发生深刻变革。随着世界范围内数字经济的快速崛起，文化创意产业进入了数字化转型升级的新阶段。各国政府逐渐关注到数字技术在文化创意领域的广泛应用和深刻影响，纷纷从顶层战略、制度设计等层面着手，积极思考和应对。

美国是全世界数字经济发展最早、增长速度最快、产业规模最大的国家。在面对数字化进击大潮时，美国在政策制定方面做出了最敏锐、最密集和最持续的反应，形成了战略性的先发优势。美国数字战略催生了皮克斯（Pixar）、脸书（Facebook）、奈飞

（Netflix）、谷歌（Google）、优兔（YouTube）等一大批世界领先的数字文化创意企业，这些企业在内容、技术、算法和平台等诸多层面，引领着全球数字文创产业的发展方向。

2015年2月16日，英国技术战略委员会"创新英国"发布《英国2015—2018年数字经济战略》，倡导通过数字化创新来驱动经济社会发展，为把英国建设成为未来的数字强国做出战略部署。两年后，英国政府将管理创意产业的核心部门"文化、媒体和体育部"更名为"数字、文化、传媒和体育部"（Department for Digital, Culture, Media and Sport），体现了英国政府推动创意产业和数字科技发展的巨大决心。

与发达国家相比，中国提出数字化背景下的文化创意产业政策较晚，但中国在发展中逐渐明晰概念，不断提升文化创意产业的战略地位，取得了较好的成效——从2016年国务院在《"十三五"国家战略性新兴产业发展规划》中首次把"数字创意产业"纳入战略性新兴产业范畴，到2022年中共中央办公厅、国务院办公厅颁布《关于推进实施国家文化数字化战略的意见》，提出加快文化产业数字化布局。当前，中国数字经济规模已突破50万亿元，数字经济核心产业增加值占国内生产总值的比重达到10%，数字经济规模总量稳居世界第二。数字经济已成为中国经济稳定增长的重要引擎，在中国从"文化大国"向"文化强国"转型的路上，数字文创无疑是破局的关键。

"萌生于英国，论证于澳大利亚，兴盛于美国，发展于中国。"

这是关于文化创意产业短暂历史的白描版本，但故事到这里还远未结束。在数字经济不断扩容提速的进程中，新的数字技术为文化资源的生产和消费提供了丰富的可能性。在文化与科技深度融合的时代背景之下，技术革新的车轮滚滚向前，文化创意最终将不可避免地与数字技术无界融合，延续变迁为"数字文创"。

第三节　旅游纪念品、文创雪糕与盲盒

在日常消费里，伴随着人们生活品质和美学需求的升级，"文创"的概念越来越多地融入全品类商业活动之中，并且通过市场机制被社会大众逐渐接纳和吸收。源于对这些现象的观察与思考，我们特意引入"考现学"①的工作方法，将视点从概念辨析和历史溯源转移至当代文化以及人的生活上，通过观察记录文化创意产业发展进程中的若干事件与现象，探究当前文化创意产业戏剧性的演进过程，进而审视其复杂而又深远的意义。

很长一段时间以来，人们对于"文创"的理解约等于文创产品。原因在于，早期的文创就是从旅游纪念品和地方伴手礼转变而来的。当你第一次去往异国他乡的旅游目的地时，在经济承受范围

---

① "考现学"（Modernology）的概念出现在今和次郎和吉田谦吉于1931年出版的《考现学采集》中，是"对现代风俗或者现代世相研究所采取的态度、方法及工作整体"。

之内购买具有当地文化特色的纪念品通常是项不可或缺的安排。旅游纪念品不同于一般商品，常见的品种包括传统手工艺品、农副产品、特色食品等。众所周知，旅游纪念品作为旅游经济的重要支撑点，对于提升旅游目的地形象、拉动当地经济增长具有重要意义。可以说，独特的文化元素可以丰富旅游纪念品的内涵，能够带回家的旅游纪念品则进一步扩大了文化的传播消费。但在近几年里，旅游纪念品普遍深陷同质化、低端化、山寨化的泥潭。哪怕是国际知名、历史悠久的景区的纪念品商店，也往往充斥着明信片、钥匙扣、冰箱贴之类的文化创意附加值较低的产品。旅游纪念品的生命力在于"本地特色"，如果既没有地域特色，又没有文化内涵，见多识广的游客对这些大同小异的产品自然很难提起购买欲望。

相比以自然资源为卖点的旅游景点，城市人文类公共文化空间也是游客观光的热门选择。以博物馆为代表的公共文化空间在旅游纪念品开发上往往有着内容供给方面的优势。有据可查的历史资料显示，正式的博物馆商店始于20世纪早期的英国[①]。来自世界各地不同时代、不同类型的物品，在公共文化空间的场域中转变为需要管理和保护的藏品，最终升级为可供开发和利用的资源。如今大英博物馆每年接待的游客约600万人，这里是英国最有人气的旅游

---

① 1911年10月14日，大英博物馆董事会同意让馆长策划在博物馆内进行明信片销售。1912年4月，一切准备就绪，博物馆内的第一家商店开业。

胜地，甚至比布莱克浦（Blackpool）海滩还要受欢迎。另有文献指出，率先扩充商店规模的是纽约大都会艺术博物馆，馆长托马斯·霍文（Thomas Hoving）在其任内（1967—1977年）积极扩张博物馆商店。起初，博物馆商店主要售卖中高端的馆藏复制品，以及便宜、有趣的小件旅游纪念品。后来博物馆日益重视商店带来的收益，愿意投入更多精力来进行高水平的产品研发，这极大地推动了旅游纪念品向文创衍生产品的迭代升级。

从海外博物馆的发展实践中我们发现，文创开发不仅是文化元素和创意表现的叠加，也是产品生产和供应链渠道的系统性整合，更是一种对于文化资源的创意性生产。现在全球各地的博物馆文创产品不仅将开发品类扩充到文具、家居、健康美容、快消品、时尚与3C数码产品[1]等多个领域，还走出了线下的实体空间，在线上电商零售、授权以及实景娱乐[2]等领域取得了不俗的成绩。

在全球文创大潮兴起之际，针对传统旅游纪念品的改良升级自然而然地成为文创开发的主阵地。2019年，圆明园推出了国内最

---

[1] 3C通常指的是三个与消费电子产品相关的领域：计算机（Computer）、通信（Communication）和消费电子（Consumer Electronics）。这个术语在20世纪90年代末和21世纪初随着技术的发展和个人电子设备的普及而变得流行。

[2] 实景娱乐（Location-Based Entertainment，LBE）是指在真实的环境中进行的娱乐活动，它结合了虚拟现实技术、增强现实技术、多媒体技术等现代科技手段，为参与者提供沉浸式体验。这种娱乐方式可以包括主题公园、密室逃脱、虚拟现实游戏、沉浸式剧场等多种形式。

早的"文创雪糕"。两年后,诸如三星堆青铜面具雪糕、故宫脊兽雪糕、国家博物馆说唱俑雪糕等博物馆文创雪糕纷纷面世,各大城市的地标性建筑、文旅景区随即跟风效仿,却留下大量"好看不好吃"的差评。从快消品的角度来看,文创雪糕本身的生产制造几乎没有门槛,能够形成产品差异化的核心要素就在于文创元素的注入。遗憾的是,囿于国内品牌、版权和创新意识薄弱,以及产品供应链渠道相对单一、行业竞争内卷[①]严重等多重因素,文创产品开发在继承了旅游纪念品开发中的优质资源的同时,也延续甚至加剧了旅游纪念品开发中存在的同质化、缺乏实用性等问题。

2020年12月,河南博物院推出"失传的宝物"系列考古盲盒,盲盒一经推出,便火爆全网,一盒难求。这款文创产品把时下流行的"盲盒"概念和文物考古结合起来,将青铜器、金简、铜鉴、银牌等"微缩文物"藏进来自洛阳邙山的土中。层层挖土,细细扫去浮尘,神秘宝物慢慢呈现全貌。可以说是"开盒一把洛阳铲,宝物全靠自己挖"。文物所代表的"传统",与盲盒象征的"新潮"碰撞出绝妙的火花。相比静态的文创产品,考古盲盒具有更强的互动

---

① "内卷"(Involution)的概念起初被用来描述农业生产中的一种现象,即在土地面积固定的情况下,不断增加的劳动力投入并没有带来相应的产出增加,反而导致了劳动产出的边际效益递减。该概念在美国人类学家克利福德·格尔茨的《农业的内卷化》和中国历史社会学家黄宗智的《华北的小农经济与社会变迁》等著述中都有提及。现在,"内卷"这个词已经从农业领域扩展到了更广泛的社会经济语境中,被用来形容在竞争激烈的环境中,个体或集体为了获得相对优势而进行过度的、无效率的竞争和努力,但最终并没有带来实质性的发展。

性，并且加入了游戏和解谜元素，让消费者体验到了"拆盲盒"带来的不确定的惊喜感，以及发现文物、发现历史的惊喜感、代入感和满足感。甚至还有消费者表示，除了开出盲盒带来的快乐，开盲盒耐心挖土的过程也很解压。这种带给消费者新奇体验的玩法让考古盲盒迅速"出圈"，成为文创产品爆款。来自国内媒体的报道显示，河南博物院考古盲盒不到一年便卖出36万个，销售额达3000万元。火爆的市场销售数据再次向人们证明了，热门文创产品的走红，其原因很大程度上在于其向消费者提供了超出旅游纪念品的意义和价值。

为了契合年轻人的生活方式、审美取向和消费升级需求，国内文创产品变得花样百出且自带流量，话题热度不断攀升。从早先静态的文具、饰品，到动态的盲盒、积木、实景展演，各地博物馆纷纷走出传统"陈列室"，在提升人们的参与感方面不断延展，积极寻求突破。值得注意的是，在考古盲盒火爆之后，陕西历史博物馆、四川广汉三星堆博物馆、江西省博物馆等多家文博机构分别推出了考古盲盒。虽然盲盒中的文物并不相同，但盲盒形式趋同，玩法相近，已经让消费者感到重复。在考古盲盒的选择变多，消费者的热情逐渐褪去之后，如果仍旧依靠挖宝形式，缺乏玩法创新，那么消费者对考古盲盒的参与兴趣，无疑将逐渐变低。

愿意为兴趣和精神愉悦付费，这是触发当下文创消费的重要原因之一。早在2018年，潮牌文创企业泡泡玛特（POP MART）就通过"盲盒"形式，把一个小圈子的兴趣爱好普及到大众消费市场，实现了艺术家IP和潮流玩具的商业化。两年后，泡泡玛特成功登陆资本市场，成为"盲盒第一股"。泡泡玛特的招股书显示，2017—2019年，泡泡玛特的盲盒产品销售产生的收益分别为9140万元、3.596亿元、13.592亿元，分别占同期泡泡玛特总收益的57.8%、69.9%、80.7%。泡泡玛特的成长速度给足了投资人想象空间。在港股上市两个月后，泡泡玛特迎来高光时刻，股价涨至107.6港元/股，总市值近1500亿港元，被外界誉为"90后的茅台"。彼时，泡泡玛特成功地在市场情绪、潮流文化和愿意尝试新鲜事物并且热爱多元化表达的年轻群体之间建立起连接，一度成长为中国市场占有率最高的潮玩公司。

公开的财报数据显示，盲盒几乎支撑了泡泡玛特一半以上的营收，并且这种依赖性还有不断攀升之势。如果盲盒卖不动，那么泡泡玛特的业绩表现就会受到直接影响。但随着"盲盒"概念的普及乃至泛滥，以及新入局的竞争者不断增多，泡泡玛特虽然已经积累起一定用户心智，但也很难抵抗盲盒消费者忠诚度下降的趋势。在经历过对"万物皆可盲盒"的新鲜感后，消费者的消费行为更加理性，泡泡玛特显然已经结束了"野蛮生长"的时代。当然，泡泡玛特也关注到市场上持续蔓延的悲观情绪，近年来一直在"去盲盒化"，力图让其产品从潮流玩具转型为潮流文化。这个过程需要足够的耐心和创新，同时必将伴有阵痛。围绕过去盲盒业务打磨出的IP运营能力，泡泡玛特仍在持续丰富和完善产品与服务体系，用多元化业务探索布局，竞逐年轻人的文创消费。

第一章 源流：数字文创的演化故事

从旅游纪念品、文创雪糕到潮玩盲盒，产品形态变迁的背后，投射出的是不同时代文创开发观念的转变。经济发展带来的消费需求、教育提升带来的审美认同、技术进步带来的高效触达，使今天的文创企业得以迎接前所未有的发展良机。泡泡玛特并不是文创领域高成长性企业的孤例，类似的故事在世界各地不断上演，未来还会有越来越多文创企业有望发展成全球商业巨头。

在发展经济学的视野下，文化创意产业的发展可以反映一个国家和地区文化生产的资源利用、要素组合的方式和能力。有研究表明，当前文化创意产业正以高于传统产业24倍的速度飞速增长，每天为世界创造大约220亿美元的价值。数据中体现出的经济拉动只是表象，其背后产业结构的转型、商业模式的更新与文化消费的拓展，渐次助推文化创意产业成为世界各国国民经济发展的支柱性产业。伴随着数字化技术的快速革新，文化创意产业的发展路径呈现出崭新态势。

这个时代的主旋律不是在恒常中求胜，而是在流变中求生。数十年间，文化创意产业潮起潮落，有人看到潜流暗涌，有人抓住潮头起舞，而大多数人随波逐流。不是所有人都能够乘风破浪，但"你当像鸟飞往你的山"[①]，虽然这并非易事。

[①] 引自塔拉·韦斯特弗创作的自传体小说《你当像鸟飞往你的山》。

第四节　重新定义数字文创

古往今来，文化与经济是并列关系下的永恒命题。

当前，二者之间迸发出历史上前所未有的激荡火花，各国正不遗余力地进行着新一轮文化软实力与经济硬实力的比拼。发达国家从战略性高度上重视数字文创产业发展，将之视为抢占未来发展先机、巩固技术创新优势、扩大文化影响力的重要议题。发展中国家和新兴经济体则希望通过发展本国的数字文创产业，以在低成本制造业的激烈竞争中实现经济的跨越式发展，进而扭转全球经济和文化舞台"创意贸易逆差"[1]的现状。发达国家基于先发优势而对全球价值链分工形成"低端锁定"[2]，随之而来的必然是更加激烈的竞争

---

[1] 创意贸易逆差指的是发展中国家和新兴经济体从发达国家和地区引进的文化、品牌、创意产品和服务等远远多于其输出给对方的。

[2] 在制度经济学中，"低端锁定"的实质就是路径依赖。后发国家在国际分工中长期被锁定在具有比较优势但处于价值链低端的产品和生产环节上，很难实现产业跃迁，其结果是陷入出口规模不断扩大但国民福利并未上升的"贫困化增长"境地。

第一章 源流：数字文创的演化故事

和更为复杂持久的利益博弈。面对百年未有之大变局，数字文创正迎来难得的发展机遇，有望以此为契机重塑全球文化产业消费链的新面貌。

如同此前每一个新时代来临时，文化和经济领域都会迎来新一波转型浪潮，数字文创无疑是对当前理论和实践工作的标签化定义。作为一个术语和一场运动，数字文创如今已在全球范围内成为焦点和热门话题，但其真实的面貌却始终模糊不清，众说纷纭。关于数字文创的定义和研究仍处于动态的建构与演变进程中，持续不断的争议意味着数字文创的版图边界还有待商榷。

"数字文创"这一术语分别指向"技术、文化和经济"三个核心概念，具有不同专业视野和教育背景的学者们在各自不同的学术传统下进行研究。面对"数字文创"这一新的命题，仅仅依靠单一学科的经验洞察是不足以解决新的技术环境下出现的研究问题的。技术、文化和经济的融合纵深广，我们需要重新思考现有的学科边界，深入剖析当前所面临的技术、文化和经济交叉领域的问题。我们不能简单地将数字文创视为整个经济系统的一个子集，仅仅从公共政策、商业计划或者社会现象的角度来研究会失之偏颇。

通过前文对文化创意产业历史演进的梳理，我们不难发现，各国对于数字文创的认知基础和发展路径的选取各有不同。如果我们试图为数字文创的框架轮廓以及可能的前景提供一个更宽泛的视角，那么有必要从多个维度进行审视和勾勒。

从狭义的角度而言，数字文创是一个名词。

近年来，文化创意产业在实践中被认为是增加国民收入、创造就业机会、消除贫困和重塑国家形象的可行路径。数字技术影响下的文化创意产业日益成为经济和社会发展的新动力。各国纷纷将促进文化数字化战略纳入官方政策，积极推动科技和文化相向而行，通过阐述行动路径、明确政策法规来支持文化创意产业的发展。"数字文创"概念的提出与发展，正是基于数字技术对文化经济的深刻影响而产生的新兴课题。到目前为止，关于数字文创的范围界定、映射和概念建模的研究仍然更多地关注其产品或服务。在经济学语境下，数字文创可以被定义为以数字技术和文化资源为基础支撑，以创意设计、内容开发和版权利用为核心驱动力，与多元业态融合共生而形成的新经济形态。

数字文创以技术和文化为输入，以经济价值和文化影响为输出，通过融合渗透带动多个产业的发展。从产业结构组成来看，数字文创可以划分为三个层次（见图1-2）。

支撑层——技术与文化的双轮驱动。人类进入工业社会以来，技术对文化的塑造便成为一股强劲的力量，持续改变着人类的知识环境。根据历史经验总结，这种塑造一般会经历三个阶段。第一个阶段是产生创造性想法，第二个阶段是形成可实际应用的早期产品，第三个阶段是迭代出具有普及性意义的里程碑产品。从蒸汽机、电力到计算机，莫不如是。而在当今社会，各阶段之间的过渡时间正在加速缩短。时至今日，传统的文化创意产业尚未建立起清

第一章 源流：数字文创的演化故事

晰成熟的知识体系，就已经被各种时兴的技术裹挟着迈入了数字时代。数字技术的介入，前所未有地扩展了文化生产消费的深度和广度，其变化应对的是消费者心理、消费模式、生活方式的变化。传统文化资源为数字文创提供了丰厚的数据资产，数字技术贯穿于文化资源生产和消费的全链路。不断迭代的数字技术和内涵独特的文化资源相互叠加，有机融合，协同发展，成为支撑数字文创持续发展的动力源头和价值锚点。

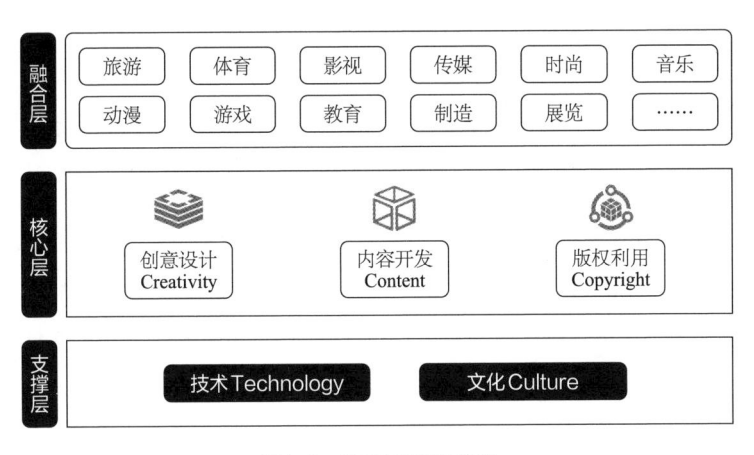

融合层	旅游	体育	影视	传媒	时尚	音乐
	动漫	游戏	教育	制造	展览	……

核心层	创意设计 Creativity	内容开发 Content	版权利用 Copyright

支撑层	技术 Technology	文化 Culture

图1-2　数字文创产业结构

核心层——从创意创新来，向内容版权去。数字文创的核心产出是通过数字内容和创新设计生成具有版权属性的创意成果。数字文创基于文化资源进行数据化提取和创意性利用，通过对数字技术和文化艺术资源的创新性转化，形成具有清晰知识产权权属的生产要素并进入市场中流通，以多元创意的内容形态链接传播渠道和消费市场，实现创意性内容创作与工业化规模生产的结合。

融合层——连接一切，成为一切。技术变革推动产业融合，边界消融催生新业态。随着人工智能（AI）、扩展现实[①]、物联网（IoT）和新一代移动通信技术的发展，数字文创产业结构和商业模式在不断变革和创新，产业边界不确定性增强且具有强大的内生动力。借助数字技术和文化创意的双重赋能，数字文创通过跨领域的交叉融合形成新业态和新消费点，进而推动传统文化创意产业和传统制造业转型升级，为社会经济的发展提供新动能。

从广义的角度而言，数字文创是一个动词。

在数字经济时代，价值创造的过程融入了智能化、数字化和网络化等形式。北京大学向勇教授指出，数字技术从根本上改变了文化创意生产、传播、流通和消费等的机制与内生结构，大大提高了文化创意的产生速度。数字文创的本质可以被视为一种数字时代的文化生产和消费创新机制，其内核就是以数字技术推动海量的文化资源从"存量"数据向"增量"资产的价值转化，探索文化资源的可持续开发。

与传统产业相比，文化产业商业模式和产业结构的独特之处在于，其大多数的投入和产出是基于文化资源的转化而来的。与传统

[①] 扩展现实（Extended Reality，XR）是涵盖虚拟现实（VR）、增强现实（AR）和混合现实（MR）的总称，它通过计算机技术将虚拟信息叠加到现实世界中，从而创造出新的体验和交互方式。

的文化创意产业相比，数字文创带来的最大变化是技术承载手段和应用观念的变化，不变的是对文化资源的创意开发和创新管理。理解这种变与不变对于今天的文创企业来讲并不简单，但我们可以从国内非遗保护利用与发展传承的故事中一窥正在发生的变化。

伴随着社会快速发展，传统自给经济体系下的生产生活方式发生改变，众多非遗项目产生和发展的社会土壤已不复存在。在市场经济体系下，非遗被带入了一个以货币为媒介的商业交换和合作体系中。不少非遗传承人尽管拥有高超的传承技艺，却缺乏商业开发和管理运营经验，难以适应从自给经济到市场经济的一系列变化，无法凭借自己的手艺为生，导致不少非遗项目陷入濒危境地。但近几年，以"国潮风、汉服热"等为代表的东方美学话题在国内社交媒体平台上兴起，非遗行业生态中的年轻从业者们积极拥抱数字时代，顺应新的媒介和技术挑战，将非遗产品和潮流时尚相结合，打造出了具有吸引力的新型文化商品。非遗以审美再造、功能重构、设计转化、品牌跨界的方式回归人们的视野，摇身一变成为文创界的宠儿，绽放出绚丽的时代光彩和文化魅力，取得了文化传承和经济效益的双重成功[1]。

在数字技术的加持下，非遗项目和非遗传承人利用社交媒体、

---

[1] 《2022非物质文化遗产消费创新报告》显示，淘宝平台非遗店铺数量已突破3万家，非遗商品消费者规模已达亿级，18个非遗产业带在淘宝天猫年成交额过亿元。

网络视频、移动短视频等直观的、互动性强的新媒体传播方式扩大影响力。一些非遗项目主动与游戏、动漫、影视、综艺、潮玩等现代产业跨界融合，使非遗突破地域限制，在虚拟空间获得广泛传播、分享、互动和消费。同时，不少非遗项目借助数字藏品平台的区块链、3D、语音交互、虚拟现实等技术，邀请知名设计师参与数字藏品联名创作，助力非遗技艺打破圈层，焕发数字生机。非遗数字藏品为传统非遗融入现代艺术表现手法，并以区块链技术为版权保驾护航，成功地将传统工艺和风格美学融入数字文创产品之中，受到消费者的广泛欢迎。甚至还有非遗项目引入人工智能技术，为非遗项目的研发、设计、定制、生产等环节提供助力。数字技术的介入并未淡化非遗传承人的角色，相反，数字技术赋能非遗跨越圈层，使其从师徒、家族传承走向社会传承；数字技术赋能非遗跨越世代，使非遗走入人们的现代生活，并代代相传。

"文创"概念提出至今，我们从来都不缺乏对它的定义，但同时我们也从未达成一致的整体认知。原因在于文创总是处于"现在进行时"，每一个时期所探讨的文创都随着当时的技术发展而动态更新。仅仅探讨文创产品的设计、风格、意义或材质，不足以把握文创主旨。从整体上讲，数字技术对文化产业的深刻影响与共生趋势不可逆。也许终究有一天，当我们谈起"数字文创"的时候，我们不会再纠结其中数字技术成分的多少，而是会关注指向新观念与新方法的时代表达。

第五节　想象力变现进行时

"欢迎来到空间计算时代！"（Welcome to the era of spatial computing.）这是写在苹果官网 Vision 页面的广告语。2024 年 2 月 2 日，苹果首款可穿戴空间计算设备 Vision Pro 正式上市，引发了大众关于扩展现实（XR）的讨论热潮。业界普遍认为苹果 Vision Pro 的发布，打开了一扇通往新世界的大门。

以 Vision Pro 为代表的硬件革新，通过先进的显示技术、强大的空间计算能力和流畅的空间操作系统将人们带入数字空间时代。与传统静态的屏幕设备相比，空间计算设备开创了人与人交互以及人机交互的新范式，它将计算的范围从屏幕扩展到你所能看到的一切事物，增强了我们在物理或虚拟环境中对数据进行可视化并与之交互的能力。毫无疑问，作为一种比以往任何时候都更具沉浸感和影响力的连接形式，空间计算将极大地推进现实世界与虚拟世界融合的进程，并为一系列新的工作方式、新的学习模式、新的交流形式、新的探索途径开启变革性的想象力周期。

在苹果公司推出 Vision Pro 大约 8 个月之前，OpenAI 旗下的 ChatGPT 月活跃用户突破 1 亿，ChatGPT 成为史上增长最快的消费者互联网应用程序。以 ChatGPT 为代表的 AIGC（人工智能生成内容，AI-Generated Content）技术，通过个性化定制内容、人机塑造共情影响人们的感性认识并涉足精神文化领域。如今，越来越多的应用程序和平台主动将生成式人工智能无缝接入其用户体验中。相比传统的文化产业内容生产，AIGC 呈现出自动化、大批量和高效率等特点，并且面向不具备专业技术条件的人提供低门槛的准入途径，极大地扩充了数字文化从业者的覆盖面，真正意义上形成了创意者网络和创意阶层，构建出了推动社会创新的创意生态。

交互决定体验，人类正在踏上未知的智能化和沉浸化的超现实旅程。历经多年技术累积融合，这场由 ChatGPT 和 Vision Pro 掀起的浪潮席卷全球，将不断给人类交互体验带来全新的维度，促使社会生产力发生新质突破，加速整个社会的数字化转型进程。十年内，世界就会再度焕然一新。

2007 年，当乔布斯在产品发布会上用手指划开锁屏界面时，一个移动智能时代随即开启。初代 iPhone 在当时是革命性的进步，可它并非完美无瑕。Vision Pro 在外观设计、佩戴感受、高昂售价等方面同样受到诟病。面对来自消费级市场的 AR（增强现实）和 VR（虚拟现实）产品竞争，Vision Pro 用一个小小的旋钮实现了从完全虚拟到完全真实的实时转化。产品发布以来，苹果公司严格禁止使用 VR、MR、AR 这几个词来定义自己，而是采用了麻省理工学院

第一章　源流：数字文创的演化故事

的西蒙·格林沃尔德（Simon Greenwold）所提出的"空间计算"概念[①]，将其产品定义为人类历史上第一台消费级空间计算机。和我们之前常用的电脑、手机相比，空间计算机将带来真实3D空间中的人机交互。通过空间计算，数字内容将在物理空间中更加逼真，也能够从真正意义上做到和物理空间融合。这不仅是一次技术界面的更新，更是一场深度重构人类与数字维度互动逻辑的革命，它如同一座桥梁，连接起现实世界与虚拟世界的无垠疆域。

在 Vision Pro 之前，类似的产品种类繁多，具有代表性的如 Google Glass、HoloLens、HTC ViVE、PICO 等。据海外市场调研机构 Omdia 的研究数据，2023 年全球活跃的 VR 头显安装数量稳定在2360万台，其中集各家大成的 Meta Quest 2 全球销量也才刚突破1000万台。当前主流的 XR 产品依旧有光学、显示、电池的掣肘，这意味着需要持续探索、尝试和更迭。而此时此刻，苹果 Vision Pro 的面世毫无疑问会给整个行业带来巨大的变数。从技术层面来看，采用 OLED 屏幕的 Vision Pro 拥有接近人眼极限[②]的高质量三维显示。VST 透视技术可以向用户同时呈现优质的数字内容和现实世界。苹果自研的 M2 芯片和 visionOS 操作系统，则让 Vision Pro 具备了优秀的感知环境的空间计算能力，支撑起一套能让虚拟和现实得

[①] 西蒙·格林沃尔德指出，"空间计算是人类与机器的交互，机器保留并操纵真实物体的参照物；使我们的机器在工作和娱乐中成为更全面的合作伙伴的重要组成部分"。

[②] 人眼极限是60PPD，初代 Vision Pro 的显示技术可以达到40PPD。

以融合的底层技术基础。在苹果visionOS操作系统的发展蓝图中，所有二维应用都会不同程度地三维空间化，从简单的兼容移植到原生态的三维应用内容繁荣发展。可以想象之后几年里，我们将迎来三维数字内容生产的大爆发。从本质上讲，VR和AR都是不同比例的MR（混合现实），苹果公司推出的这种同时包含数字内容和物理空间的解决方案，必将引起行业的跟风模仿。随着技术的极速迭代，数字内容和物理空间之间的边界逐渐模糊。未来，在任何环境中，人们都可以像拥有魔法一样进入前所未有的世界，体验在虚拟和增强视野中形成的奇妙世界。

当前空间计算与人工智能技术已经在多个层面上取得革命性的进展，对文化产业而言同样意味着无限的创新潜力和商业机遇。在通往人机共生时代的道路上，美国在技术核心能力方面长期处于领先地位，中国尚处于追赶阶段。各国政府、科技巨头以及创业公司之间的竞逐，也将关系到国家经济发展的可持续性与最终的国际竞争格局。而从新兴产业生态的角度来看，中国数字文创产业高速发展，取得了阶段性突破，但仍面临着一系列严峻的挑战。

1. 数字文创产业发展关键技术存在差距

研究表明，数字文创产业的发展水平受到多方面因素的影响，如技术进步、内容生产、国家政策、用户市场等。其中，影响数字文创产业发展的关键技术环节具有垄断性、高投入性、成果持续性等特点，相较部分发达国家，我国数字文创产业在技术、设备、人才等方面还有一定差距，积极的政策扶持、厚重的文化资源、广阔的市场基数尚未充分转化为数字文创产业的发展优势。当前我国数字文创产业面临着来自国际市场的激烈竞争，数字化关键技术在文化产业领域的集成应用和创新，将成为影响未来数字文创产业发展水平的决定性因素。

2. 数字文创产业区域发展差异明显

长期以来，由于国内不均衡的区域经济水平、多层次的市场环境，我国各地在数字文创产业规模、产业结构、供给质量等指标上存在差异。不同的发展起点和发展基础，造成国内文化产业数字化发展水平呈现出巨大的分化态势。相关研究者对我国各省份2012—2019年文化产业数字化水平的测度与评价指出："整体上看，我国数字文创产业竞争力的发展水平呈现出按照东部、中部、西部逐级递减的空间局面。"当前国内数字文创产业主要聚集在一二线城市，其他城市尚未客观认识到数字文创产业的重要作用，在数字化基础设施建设和数字技术创新链条布局方面投入不足，缺乏有核心竞争力的数字文创龙头企业和专业化人才，难以激活文化产业的数字动能。

3. 数字文创产业自主创新质量有待提升

国内数字文创产业面临运营资金紧张的现实压力，普遍存在发展策略雷同、产品同质化严重、知识产权意识不强等问题。内容、技术、模式、业态和场景创新方面的不足，将导致数字文创企业市场竞争力弱，缺乏创新和特色，无法满足市场对多元化、个性化数字文创产品的需求，也很难生产出具有国际竞争力的优质数字文创产品。长此以往，国内数字文创产业的创新成长空间将被进一步压缩。

4. 数字文创产业发展加速与生产机制滞后并存

从AIGC到XR，技术进步推动产业升级，同时对人们习以为常的行为与心理提出重大挑战。数字化和智能化发展给经济和生活带来诸多便利，也在某种意义上让大量的人被时代潮流裹挟而失去自主性。此外，由于不同受众群体之间巨大的文化、技术感知差异，诸如"数字鸿沟""信息茧房""算法牢笼"等问题日益凸显，数字文创产业内容生产"低俗化、快餐化、浅层娱乐化"的现象滋生并蔓延。数字技术的迭代尚未推动数字文化内容生产机制形成范式转换，高质量的数字文化内容远远滞后于技术的更新换代。

5. 数字文创产业监管治理亟须完善

随着文化和科技融合发展的深度和广度不断拓展，数字文创产业新业态、新场景不断涌现，容易出现受旧制度制约或监管真空的情况。当前我国数字文创领域知识产权保护、评价、运用等机制还不健全，行业自律水平有待提高。严监管环境的成本是市场活力不足，宽监管环境的代价是劣质文化产品涌入。如何针对数字文创产业快速发展采取严宽适当的监管，是对政府治理能力的考验，也迫切要求数字文创产业监管模式和机制的创新与健全。

当前，通过识别和利用数字技术机会实现文化产业价值创造已成为行业普遍共识。数字文创产业的核心竞争力在于内容创意，在于通过对创意、想象力、创造力的再开发而不断实现商业价值。虽然我们无法知晓下一代数字文创产业的风口在何处，但通过对数字技术发展的观察，我们可以窥见数字文创产业走向虚实融合、虚实共生的趋势。

在可预见的未来，人们的生活形态将包括现实世界、虚拟世界以及由现实世界和虚拟世界交互构成的元宇宙世界。相比之下，人们在虚拟世界所消耗的时间或将远超过现实世界。随着数字技术发展成熟，大众消费会进一步迎来从"数字"到"现实"、从"二维"到"三维"、从"在线"到"在场"的感知力重塑。从长远发展的眼光看，人类历史第一次迎来人人皆可"以想象力变现"的时代,所幸我们可以身体力行地参与到这段历史之中。

一切都在涌动,一切都在改变。未来已来,所有号称新的东西都已经旧了,我们需要不断清空旧的知识体系从头学习。

百舸争流,不进则退;新旧转换,不变则汰。

第二章

数智：数字文创的技术图景

底层生态：文化资源的数字转化
关键技术：文化生产的数字革新
终端应用：文化消费的场景拓维

第六节 底层生态：文化资源的数字转化

1989年，政治学者弗朗西斯·福山（Francis Fukuyama）宣称："我们所知的历史已臻于终点。"2002年，他修正了自己的论点："我们仍未抵达历史终点，因为，我们仍未臻于科学终点。我们不仅没有处于科技的终结点上，似乎还正处在历史上科技进步少有的最重要的顶点时期。"

时光拉近，数字技术的持续迭代是当代社会发展的突出特征，文化科技融合是当代文化产业发展的突出特点。正如福山在《历史的终结与最后的人》(The End of History and the Last Man)一书中所探讨的："人类历史进程的其中一个基本推动力是科学技术的发展，它决定了经济生产力可能性的范围，以及一系列社会结构化特征。"新一轮技术革命激发的产业变革与文化产业转型升级形成了历史性的交汇，文化产业全面步入数字文创时代。数字文创的技术框架和发展路径与数字科技创新进程密不可分，数字基础设施和数据资源体系共同构成了数字文创的两大底层生态支持。

第二章　数智：数字文创的技术图景

新基建：数字基础设施

伴随数字经济的持续深入发展，整个社会基础设施的存在形态、建设方式、运营方式和典型特征都将发生根本性改变。数字化将成为人与人、人与物、物与物交互的重要形态。在这一变化之上，人类生活、产业格局、经济发展、社会治理、文化生态都将翻开崭新一页。这是我们思考数字基础设施的起点。

对于数字文创产业而言，数字基础设施是立足当下、面向未来的新基建。它既包括网络、算力、大数据等新一代信息通信共性技术，也有超高清视频、云渲染、数字虚拟人、智能创作分发等应用支撑型技术。它是对传统文化产业在技术、架构、模式、生态等方面的升级、迭代或重构，将不断涌现的新兴技术融入文化生产和消费的全流程，驱动全价值链和网络化协同，产生新价值、新模式和新业态。

泛在互联、虚实融合的网络

从历史上第一个计算机互相连接的阿帕网（ARPANET）[①]算起，我们进入网络时代也不过半个多世纪。人类社会从早先的离线

[①] 在冷战背景下，美国国防部授权DARPA（美国国防部高级研究计划局）研究一种"分布式"指挥系统。第一个ARPANET诞生于1969年，将加利福尼亚州大学洛杉矶分校、加利福尼亚大学圣巴巴拉分校、斯坦福大学、犹他州大学四所大学的四台大型计算机进行了互联。

状态到了互联网、移动互联网的在线状态，在过去的五十多年里，互联网一次次挑战着人类的想象力。

1972年，阿帕网在国际计算机通信大会（ICCC）上首次公开亮相。当年的阿帕网拥有40个节点，E-mail、FTP和Telnet是当时最主要的网络应用。次年，阿帕网通过卫星通信实现了与夏威夷、英国伦敦大学和挪威皇家雷达机构联网。阿帕网从美国本地互联网络逐渐进化成国际性的互联网络。随着用户对网络需求的不断提高，人们开始发现阿帕网的通信协议（Network Control Program，NCP）在兼容性和支撑性方面有着明显的缺陷[①]。伴随着全球多个新型网络的涌现和国际化通信标准的博弈，1984年，TCP/IP协议得到美国国防部的肯定，成为计算机领域共同遵守的主流标准。至此，基于互联网协议（Internet Protocol，IP）标准的Internet诞生了。后来的故事大家都知道，当互联网实现商业运营后，网络连接数量开始出现指数级增长。Internet真正成为全球互联网，开始走进人们的生活。

1994年4月20日，通过一条64K的国际专线，中国首次实现与国际互联网的全面互联互通，成为世界互联网大家庭的第77个成

[①] NCP只能在同构环境中运行（指网络上的所有计算机都运行着相同的操作系统），而且NCP支持的主机数量有限。对于一个分布广泛的网络而言，这些缺陷必然成为其发展路上的最大障碍。

员①。1995年，国内开通居民个人上网，为国人打开了精彩神秘的网络世界，互联网在中国蓬勃发展。这一年也是全球互联网商业发轫之年，一大批对时代脉搏敏感的创业者投身互联网，他们被大众视为"数字英雄"，像摇滚明星一样被追捧。自那个大浪淘沙、百舸争流的大时代开始，互联网成为全球经济最闪亮和最激动人心的行业之一。

从1996年到1998年，仅两年时间，中国网民就从10万人增长到200万人，激增了20倍。上网逐渐从前卫时尚变成了一种日益普遍的需求，互联网也逐渐成为中国经济发展的重要推动力，重塑千行百业，走入千家万户，改变着每一个中国人工作生活的方方面面。人们习惯了在网上解决衣食住行、吃喝玩乐的一切。截至2024年6月，中国网民规模近11亿人，较2023年12月增长742万人，互联网普及率达78%，人均每周上网时长为29.1个小时②，中国成为全球最大的互联网市场。

互联网自20世纪90年代创建以来，先后经过Web1.0、Web2.0、Web3.0几个阶段的代际演变。Web1.0时代实现的是人机连接、人与

---

① 1987年9月14日，北京计算机应用技术研究所试发中国到德国的第一封电子邮件。6天后，邮件成功发送至德国卡尔斯鲁厄大学，这是中国发往国外的第一封电子邮件——"越过长城，我们可以到达世界的每一个角落"（Across the Great Wall, we can reach every corner in the world）。

② 数据来源于中国互联网络信息中心（CNNIC）于2024年8月29日发布的第54次《中国互联网络发展状况统计报告》。

信息的连接，以用户浏览、接收信息为主体开启网络中心化的"可读"模式；Web2.0时代实现的是个体与个体、个体与群体、群体与群体的连接，以社交互动、用户生产为主体开启了网络去中心化的"可读可写"模式；Web3.0时代实现的是人与物、服务、金融支付的连接，以数据潮涌、用户深度参与为主体开启了平台垄断的"可用"模式。在当前Web3.0尚未充分转化为现实之前，人们对下一代互联网的愿景展开了充分的想象。坊间诸如"元宇宙""Web4.0[①]""全真互联[②]"的概念此起彼伏，但具体的发展方向、发展路径还存在很多的不确定性。可以想见的是，下一代互联网必定是人类媒介技术能力、传输能力、媒介感官体验能力极大提升带来的必然结果。伴随互联网信息传输、连接规模、通信质量上的短板技术突破，物理空间和数字空间将实现无缝融合，不仅令实体经济、社会运行效率得到全方位的巨大提升，更会使人类的网络体验进入崭新的阶段，并逐步改变当前的主流经济活动与生活方式。

需求决定着下一代互联网的技术框架和发展路径，也为未来文

---

① 2023年7月11日，欧盟委员会通过了一项关于Web4.0和虚拟世界的欧洲倡议，其中提出了Web4.0的相关理念、特征、关键技术及治理挑战，并对欧洲下一代互联网发展进行了前瞻性的战略部署。

② 2020年，腾讯创始人马化腾在公众号文章《Pony：以正为本，迎难而上》中写道："移动互联网十年发展，即将迎来下一波升级，我们称之为全真互联网……这是一个从量变到质变的过程，它意味着线上线下的一体化、实体和电子方式的融合。虚拟世界和真实世界的大门已经打开，无论从虚到实，还是由实入虚，都在致力于帮助用户实现更真实的体验。"

化产业的整体发展迭代、升级和进化指明了道路。从发展趋势来看，5G/6G将大幅提升对实时处理、现场处理、虚实融合等数据需求的支持。物联网通过物与物、物与人的泛在连接，实现对物品和过程的智能化感知、识别和管理。云、大数据、区块链、虚拟现实、数字孪生、引擎渲染、数据安全等技术将持续创新迭代，形成对下一代互联网应用场景和内容生态的重要支撑。毫无疑问的是，随着人们对网络服务随时、随地、按需的泛在化需求升级，未来的互联网必将不断向高可靠性、低延迟、强智能、深沉浸感的方向进发，进而实现对真实世界的全面感知、连接与交互。根据欧盟委员会的预测，这一重大变革将在2030年前影响几乎所有现实领域，在提高效率的同时产生新的社会需求，形成众多新的经济增长点。

高速增长、软硬兼得的算力

算力是数字经济的底层支撑，如同农业时代的水利、工业时代的电力，已成为数字经济发展的核心生产力和全社会数智化转型的基石。算力作为逻辑资源，与水电等标准化资源相比更加复杂，具备更多维度。对于数字文创而言，算力同样扮演着推动创新、实现突破的角色，必将催生丰富的数字消费计算场景，也是推动文化产业走向数字智能化的决定性力量。

人类算力的发展历程堪称一部波澜壮阔的科技史诗。算力作为人类认知能力的延伸，见证与辅助着人类社会实现跨越式发展。人类自身就具备算力,大脑即是一个强大的原生算力引擎,每时每刻都在进行着计算。从基础生存保障到改善生存质量,依靠大脑提供的算力我们才得以生存发展。我们常说的口算心算,就是初始的无工具计算,但这样的算力有点低,所以在遇到复杂的情况时,我们会利用算力工具进行深度计算。从古代的草绳、石头到算筹、算盘,再到机械时代的差分机[①]、计算器,算力工具的持续进步不断提升人类的计算水平。到了20世纪40年代,我们终于迎来了算力革命。1946年2月,世界上第一台数字式电子计算机诞生,标志着人类算力进入了跨越式发展的新阶段。1981年,个人电脑诞生,处理器、存储、网络、操作系统、数据库等方面的技术都在飞速发展,让我们明显感受到了算力带来的生活和生产效率的提升。步入21世纪,云计算技术出现,"算力"概念逐渐走向公众。在云计算中,计算资源被集合起来,通过软件的方式组成一个虚拟的算力池。它把零散的物理算力资源变成灵活的虚拟算力资源,配合分布式架构,提供理论上无限的算力服务。算力云化之后,数据中心成为算力的主要载体,人类的算力规模开始有了质的飞跃。

过去,计算的方式主要是检索。当你打开搜索引擎,输入关键词后,大量原本存在于网络中的数据信息,根据系统推荐以一种重

---

① 差分机(Difference Engine)是一种机械式计算设备,用于自动化执行多项式函数的计算,特别是用于计算多项式的导数。它最初由英国数学家查尔斯·巴贝奇(Charles Babbage)在19世纪初设计,目的是提高导航表和其他科学表格的计算效率。

新组合的方式出现在你眼前。但在未来，大多数内容将不再需要检索。原因在于，过去这些内容是固定化的、预置性的，所以有时候我们检索大量内容却仍然找不到想要的答案，而未来搜索的结果将是生成式的。当你需要信息的时候，你得到的是人工智能根据你的个性化特征为你定制的内容。这不仅使我们节省大量的能源、网络带宽和时间，更将推动信息搜索方式发生根本性改变。

随着生成式人工智能的问世和快速发展，AI大模型已成为当今世界算力需求增长的主要驱动力。从感知智能到生成式智能，人工智能越来越需要依赖"强算法、高算力、大数据"的支持。模型的大小、训练所需的参数量等因素将直接影响智能涌现的质量，而人工智能模型需要的准确性越高，训练该模型所需的算力就越高。例如，GPT-3模型包含1750亿个参数，谷歌发布的PaLM-E包含5620亿个参数，GPT-4则包含数万亿级别的参数。援引Open AI测算，自2012年起，全球头部AI模型训练算力需求平均每3～4个月翻一番，头部训练模型所需算力每年增长幅度高达10倍。以延续摩尔定律为主的固有升级路线对算力的提升作用日渐乏力，新技术、新架构的演进和产业化方兴未艾，算力供需之间的差距依然很大。为了继续扩大规模、降低计算成本，并在保持可持续性的前提下消耗更多的计算资源，我们迫切需要一种新的计算方式。

2024年3月，在英伟达GPU技术大会（GPU Technology Conference，GTC）上，英伟达创始人黄仁勋发布了可以处理万亿参数规模大语言模型（LLM）的"Blackwell[①]B200和GB200系列"AI芯片。Blackwell并非单一的芯片，而是一个平台的名称。与上一代产品H100相比，在具有1750亿个参数的GPT-3 LLM基准测试中，GB200的性能是前者的7倍，训练速度是其4倍，更重要的是，它可将成本和能耗降低到原来的二十五分之一。

  人类推动算力发展的速度简直疯狂，但即便如此，我们仍然觉得不够快。目前的计算、存储和网络基础设施尚不能满足训练下一代模型所需的庞大计算需求。未来，AI计算、边缘计算、量子计算或将成为推动元宇宙发展的主力技术。AI计算芯片需要实现一系列技术突破，以实现高度并行的处理能力、低内存延迟、创新架构、低耗能。边缘计算能有效降低时延并提升计算效率，在整体架构设计中，中心云实现全局调度，边缘云侧重局部的大规模数据处理，终端实现将海量现实世界终端转化为海量的数据信息。量子计算具有支撑指数级增长的数据运算的潜能，能够解决元宇宙中的算力问题，但是量子计算目前还处于原型机研发阶段，在技术上仍面临诸多挑战。

[①] Blackwell是英伟达在2024年推出的新一代AI芯片与超级计算平台。此款GPU架构以杰出的美国统计学家和数学家大卫·哈罗德·布莱克威尔（David Harold Blackwell）的名字命名，他在博弈论、概率论、信息论和统计学等领域都做出了重要贡献。

第二章　数智：数字文创的技术图景

新石油：数据资源体系

随着新一轮科技革命和产业变革深入发展，数据作为关键生产要素的价值日益凸显。早在2006年，英国数学家克莱夫·亨比（Clive Humby）就创造了"数据是新的石油"这一金句。2011年，Gartner公司全球研究主管彼得·桑德加德（Peter Sondergaard）进一步称："信息是21世纪的石油，分析是内燃机。"

数据古已有之，并不是什么新发明。结绳记事，食物分配，粮田、士兵统计，无不涉及数据。今天，人工智能发展驱动数据要素[①]市场需求爆发。随着大模型时代到来，通用人工智能产业将需要更大规模、更高质量、更多样化的数据集来提升模型效果和泛化能力[②]。我们把数据比作石油，更多是因为数据在人工智能、机器学习等应用中的巨大价值，就像石油在工业经济中发挥的作用一样。石油带来了工业经济的腾飞，而数据作为与土地、劳动力、资本、技术并列的新型生产要素，将带来无法估量的价值。

[①] 《数据要素流通标准化白皮书》将"数据资源"定义为"可供人类利用并产生效益的一切记录信息的总称，并属于一种社会资源"。《全国统一数据资产登记体系建设白皮书》认为，原始数据积累到一定规模，且经过必要的加工处理过程具有了潜在使用价值，便形成了数据资源。

[②] 公开资料显示，2018年GPT-1数据集约4.6GB，2020年GPT-3数据集达到了753GB，而2021年Gopher数据集已达10550GB，2023年GPT-4的数据量更是GPT-3的数十倍以上。

数据要素产业链包括数据生产、流通和应用三大环节。

数据生产环节决定数据供给的规模和质量。在文化产业领域，早期的文化数据生产尝试开始于对古代手稿和文献典藏的数字化采集，保护文化遗产并提高其可访问性。从技术层面来讲，数字化采集就是利用计算机技术，通过扫描、拍摄等传统数字化记录方式，将文化资源中各种图像、图形、声音、颜色、文字等信息，转化为二进制数字信号0和1的过程。20世纪90年代，多媒体技术进步使文化资源得以以音频、视频和交互式展示形式被保存和传播。研究者通过创建数据库和索引，使文化资源的储存和检索更为高效。

文化产业在数字化发展过程中产生了文化资源数据（Cultural Resources Data），包括文化产业内容数据和数字化过程中产生的衍生数据。在早期的文化数据生产中，国家主要以供给侧的公共文化机构为抓手，推动全国文化资源数据库的建设。从全国不可移动文物普查、可移动文物普查到"互联网+中华文明"行动计划、智慧博物馆建设等一系列重点工程和探索实践，文博系统以摸清馆藏文物家底、提高文物管理水平为基本目标，以调查馆藏珍贵文物资源、采集文物基础信息为基本形式，全面开展馆藏资源数字化采集的工作，并逐步形成了较为完善的规范体系，基本实现了馆藏资源高清图片、视频及三维模型的采集加工。

一般来说，此阶段的文化资源数据主要包含三类。一是文物元数据，如关于文物编号、名称、年代、尺寸、流传经过的最基础的文字、图像、音频数据；二是文物影像数据，如高清摄影摄像、高

第二章　数智：数字文创的技术图景

精度三维模型、数据可视化呈现等深度信息；三是文物附加数据，如相关研究文章、参加展览情况、开发利用情况等衍生信息。经过多年的数字化建设，国内文博系统馆藏资源数字化采集的种类和数量已经渐成规模①。从整体上看，此阶段的文化资源数据库迭代迟缓、功能简单、利用率较低，除少量文化资源数据走向文博系统外部合作外，绝大多数仍封闭在公共文化机构之中，可被视为文化数据生产的初级形态。

在有财政支持的文化数字化、信息化建设工程的推动下，国有文化数据生产工作蓬勃发展，为我们带来海量、多源、异质的文化资源数据，这是中国发展数字文创产业的基础和优势所在。随着时代的发展，早期的文化数据生产就像开采自然形态的矿藏，已经无法充分满足社会公众对于公益、教育、体验、传播等在内的多元应用需求。文化数据生产方不再满足于内部封闭式使用，而是基于数

---

① 第三次全国文物普查结果显示，全国共登记不可移动文物766722处，普查制作电子数据包2868个，其中包含文本文件462.1万个，各类图纸156.8万幅，照片228.1万张，所占空间近8TB。第一次全国可移动文物普查中仅照片就有近5000万张，数据总量超过140TB；共著录登记汉文古籍270余万部和藏文古籍1.8万函，2861家单位参与并完成古籍普查登记工作，累计完成645家收藏单位的《全国古籍普查登记目录》，共计137种215册，收录147万余条。全国美术馆藏品普查结果显示，藏品实际数量592663件，藏品图片820288幅，数据总量6.9TB。全国现存348个剧种，参加普查的戏曲演出团体共1.2万个，共收入表格11万份、图片4.7万张。被誉为"文化长城"、耗时30年完成的《中国民族民间文艺集成志书》，共计298卷400册，约4.5亿字，收集相关资料逾50亿字（包括曲谱、图片）。

字化采集，通过解构①和重构②等创新手段，推动原始文化资源数据转变成文化数字内容与文化产品服务，最终促使其有机融入公众生活。

如果将早期文化数据生产比喻为"蓄能"（积累资源、蓄积动能），那么新时期的文化数据生产更加倾向于"赋能"（深度挖掘、萃取价值）。

2023年2月，国家图书馆联合北京大学等单位研发的《永乐大典》高清影像数据库及《国家珍贵古籍名录》知识库上线。《永乐大典》是明成祖朱棣于永乐年间命人编纂的一部大型百科全书，全书22877卷11095册，约3.7亿字，汇集各类图书七八千种，保存了我国14世纪以前文学、艺术、史地、哲学、宗教和应用科学等方面的丰富文献资料。据统计，《永乐大典》副本目前仅有400余册800余卷存世，总数不及原书的4%，分散于8个国家和地区的30多个公私藏家手中。国家图书馆共收藏《永乐大典》224册，占《永乐大典》存世册数的一半以上，其中国立北平图书馆（国家图书馆前身）所藏62册现暂存于台北故宫博物院。在《永乐大典》高清影

---

① 文化资源数据解构就是将文化资源数据二维图像中具有一定内涵或特殊含义的不同文化元素提取出来。文化元素的提取依赖不同的约束条件，而不同约束条件下提取得到的文化元素数量、内涵不同。

② 文化资源数据重构则是将不同文化元素、文化要素重新组合、变换，生成新的文化资源数据或文化数字内容的过程，主要包括纹样、色彩、构型、风格、语义等文化元素或文化要素重构。

第二章 数智：数字文创的技术图景

像数据库的开发过程中，国家图书馆以"北京大学-字节跳动数字人文开放实验室"为基地，整合北京大学和字节跳动双方的力量，组成联合设计与研发团队，最终建成了《永乐大典》高清影像数据库。数据库第一辑收录国家图书馆藏《永乐大典》40册75卷的内容，共涉及14个韵部17个韵字1800部书，除呈现《永乐大典》高清图像、整体风貌及相关知识，还对部分大典内容做了知识标引示范，对后续《永乐大典》的知识体系化、利用智能化进行了探索。《国家珍贵古籍名录》知识库项目则综合应用了现有数字人文的多项技术，将珍贵古籍名录书目数据重构为知识库，以多维度知识图谱、地理信息系统[①]等多种可视化形式展示历史时空构架下书与书、书与人、人与人之间的多维关系，以数字手段实现"辨章学术、考镜源流"的功能。

类似的文化数据生产项目通过对原始文化资源数据的分类与标注、分析与关联、确权与共享、安全与保护、可视化与呈现等加工处理，形成标准化、可使用、可共享、可交易的各类数据库，沉淀形成具有独立产权的数字资产，为数据的开发利用和流通运营夯实基础。这种生产端的数据加工被赋予更加广泛的公共性，为大众了

---

① 地理信息系统（Geographic Information System，简称GIS），是一种用于捕捉、存储、分析和管理地理空间数据的计算机系统。GIS技术广泛应用于城市规划、环境管理、交通物流、灾害预防和响应、农业、地质勘探、公共设施管理等多个领域。GIS可视化是指将地理数据以图形或图像的形式展示出来，以便于理解和分析。

解、探索国家级文化资源数据提供了一种全新的方式，高校和互联网企业等社会创新力量凭借自身所具备的资源和解决问题的能力深度介入文化数据生产序列，可被视为文化数据生产的进阶形态。

数据流通环节激发数据价值和生产力的释放。互联网的普及使文化资源数据得以在全球范围内便捷流通，实现了文化的跨区域交流。开源软件的推广和云计算技术的应用，进一步降低了文化资源数字化的门槛，提升了数据储存和处理能力。据了解，目前全国文化资源数据（素材）市场每年的交易规模仅为30亿元左右，主要是图片素材市场、音视频素材市场。

当前，数据流通环节的发展主要受限于数据确权与授权、可信数据源和数据安全流通方式等方面。各国均在加速推进数据流通方面的顶层设计、法律法规和平台建设。我国也致力于提高数据供给水平、优化数据流通环境、加强数据安全保障。2022年12月，中共中央、国务院印发《关于构建数据基础制度更好发挥数据要素作用的意见》，这成为我国"数字中国"和数据要素市场建设的纲领性文件。该意见创造性地提出数据资源持有权、数据加工使用权、数据产品经营权分离的产权制度，为破解数据高效合规流通提供了理论指引，引发了社会各界的高度关注。2024年1月，国家数据局等部门印发《"数据要素×"三年行动计划（2024—2026年）》（国数政策〔2023〕11号），计划提出："推动文物、古籍、美术、戏曲剧种、非物质文化遗产、民族民间文艺等数据资源依法开放共享和

第二章 数智：数字文创的技术图景

交易流通，支持文化创意、旅游、展览等领域的经营主体加强数据开发利用。"

现有的文化数据库大多分散在不同领域，存在于不同形态中，以项目共建和各单位自建为主。由于数据权属不明确、资源价值评估定价体系不健全、各系统之间元数据标准和口径不同[①]、开放共享风险和经济回报不对等、数据交易法律法规不完善等，数据所有者共享数据资源的主动性和积极性不高，不愿将自有数据资源放在交易市场上进行交易，这导致文化资源数据流通受阻，难以实现价值最大化。以河南省为例，河南省文化资源数据平台有29个，资源数据以政务数据的形式，为河南省非物质文化遗产网、河南文化网、公共图书馆、高校图书馆等相关机构单位所掌握，但由于缺少统筹和管理，这些数据以简单堆积为主，检索困难，容易形成条块分割和"文化数据孤岛"。这些散落的数据具有一定的权威性，有的还具有唯一性，应在保障信息安全的前提下，建立并持续优化各类文化资源的数据关联，通过有偿使用、公益共享、公共数据授权运营

---

① 国外元数据研究较早，比较有影响的元数据标准有：描述艺术类可视资料的CDWA（Categories for the Description of Works of Art，艺术作品描述类目），以及VRA Core（Categories for Visual Resources Core，视觉资料核心类目）；适用于网络资源的DC（Dublin Core Element Set，都柏林核心元素集）；适用于地理空间的CSDGM（Content Standards for Digital Geospatial Metadata，数字化地理元数据的内容标准）、CEN地学信息-数据描述-元数据、ISO/TC211地理信息元数据的国际标准等；用于电子文本的TEI（Text Encoding Initiative，电子形式交换的文本编目标准）和EAD（Encoded Archival Description，编码档案著录）。

等多种方式推动高质量、标准化的政务文化资源数据开放流通。

为突破这个瓶颈，全国文化大数据交易中心依托现有有线电视网络、广电5G网络和互联互通平台，部署提供统一且唯一编码注册和解析服务的技术系统，实现了从文化资源数据交易到文化数字内容分发的升级。全国文化大数据交易平台按照"物理分布、逻辑关联"原则，汇集文物、古籍、美术、戏曲剧种、民族民间文艺、农耕文明遗址等资源，通过底层关联服务引擎和应用软件标识进场，通过各类数字化生产线解构具有历史传承价值的中华文化元素、符号、标识等数据要素及要素权益，并进行交易。截至平台试运行启动时，已有超过百万的数据进入平台待委托交易。此外，国内部分省市也在积极探索引入市场主体、技术、资本等多元要素，共同推进数据要素市场化配置改革。2024年8月5日，广州公共数据运营平台正式上线并发布了37款公共数据产品，涵盖金融、环保、交通、医疗健康、商业文旅等十余个行业。值得一提的是，为充分释放公共数据价值，吸引更多市场主体参与数据产品开发，丰富产品应用，广州市公共数据授权运营在全国首创"运商分离"模式。承担公共数据运营工作的机构不参与数据产品开发，数据产品经营权100%归数据提供商所有。

数据应用环节催生海量基于数据要素的新产品和新服务。通过大数据分析和人工智能技术，研究者能够更深刻地理解和挖掘文化内容，实现文化知识的创新传播。VR和AR技术的引入，为文化资源的数字化展示和交互提供了新的可能,丰富了人们的体验。区块链技术可以确保文化资源数字化过程中的版权保护和溯源验证。在国家战略层面推进文化科技融合的大背景下,一些有条件的博物馆率先步入了文化资源数字化应用阶段。文化资源的数字化应用,不只是为了满足数字信息的内部使用,还要将馆藏文化资源解读为易于公众使用或可再利用的数字产品;不只是向公众提供文化产品,更要让公众参与其中。

"数字敦煌"是博物馆馆藏资源数字化利用的成功案例之一。20世纪80年代末,敦煌研究院开始研究利用数字技术保护敦煌文化。2016年4月29日,"数字敦煌"资源库平台正式发布,面向公众展示敦煌石窟30个经典洞窟的高清数字化内容及虚拟漫游体验。"数字敦煌"项目是跨业态、多机构协同合作下的历史文化资源开发实践,通过整合资源、技术、平台、管理和服务优势,实现资源整合、技术支持、业务共享,在跨领域合作模式下获得持续性的资金支持。从图文到影像,再到现场即兴创作,项目通过敦煌石窟数字化成果展示、敦煌艺术创作课程体验和"数字敦煌"文化衍生品销售相结合的全新模式,呈现敦煌石窟艺术之美,让公众快速地、全面地了解敦煌,让敦煌所承载的传统文化更广泛地进行传播,并且有机融入公众生活。

2020年,受新冠疫情影响,全球博物馆数字化活动在数量、规模、成熟度等方面有了巨大的飞跃。国际博物馆协会在比较2021年春季与2020年秋季博物馆对数字化建设的调研数据后指出,"开始或计划提升其数字化基础设施及资源的博物馆的数量显著增加"。以"智能导览"为代表的自助式智慧服务产品，可以辅助线下实体展览，增强服务的便捷化和解读的通俗化；以"云直播、云课堂"为代表的云服务产品，以极低的成本投入打破资源和物理空间的限制，借助实时互动的独特魅力，进一步扩大受众群体。文博机构与数字技术的融合发展，推动数字创新能力的提升，已经并将继续赋予文物新的数字形态。

第七节　关键技术：文化生产的数字革新

新的技术带来新的艺术形式和文化实践。伴随着数字技术全面融入文化的创作、生产、展现、传播和消费全过程，文化产业的内容生产、用户体验、商业模式和产业生态迎来革新重塑。在技术与文化相互塑造、持续演进的过程中，以人工智能、空间计算与区块链为代表的关键技术正在塑造这个领域的未来。它们让文化生产和消费变得触手可及，让创意的价值在虚拟与现实之间自由流动。它们如同星辰般璀璨，引领着数字文创的航船驶向未知的新世界。

人工智能：面向未来的内容生产模式

2022年8月，在美国科罗拉多州博览会期间举办的艺术比赛上，一件名为《太空歌剧院》（*Théatre D'Opéra Spatial*）的作品获得了"数字艺术/数字修饰照片"一等奖。这件作品的创作者杰森·艾伦（Jason Allen）是一家桌游公司的CEO。这位据说没有绘画基础的非专业人士，利用AI绘图工具Midjourney创作了这件作品，最终它从众多艺术家手工绘制的作品中脱颖而出。这件作品创作的过程类似于"文字游戏"，艾伦在软件中输入"题材、光线、场景、角度、氛围"等有关画面效果的AI提示词[1]，从上百幅AI自动生成的画中，选出了三幅自己最满意的做进一步渲染。接着，他利用其他绘图软件手动进行了反复的调整和修改。最终，他创作了一件既恢宏壮观又神秘梦幻的数字艺术作品，建筑场景的恢宏感以及人物刻画的细腻程度已经超越很多人类画师的手工作品。如果没人告诉你这是一件AI作品，你会认为这是大师手笔。作品的获奖一度引发多方争议，甚至有人惊呼这在某种意义上是"人的艺术的终结"。

这件作品并非个例。早在1964年，德国数学家、物理学家和哲学家格奥尔格·尼斯（Georg Nees）[2]就曾公开展示过自己通过计算机生成的艺术作品《23个顶点的多边形》(*23-ECKE*)。此后他还与计算机艺术的先驱、工程师和数学家迈克尔·诺尔（Michael

---

[1] 提示词（Prompt）是一种用于引导或激发AI模型生成特定输出的输入文本。这些提示词可以是自然语言，也可以是结构化的指令或模板。它们通过提供清晰、具体的指导来帮助AI模型理解用户的需求和意图，从而提高交互效率和准确性。

[2] 格奥尔格·尼斯是德国数学家、物理学家和哲学家，也是计算机艺术和生成图形的先驱。他的作品《23个顶点的多边形》(1964年)是最早公开展示的由计算机生成的艺术作品之一。

Noll)、弗里德·纳克（Frieder Nake）合作，积极推动将新技术融入艺术创作之中。时间来到2018年10月，在佳士得拍卖会上，一幅名为《埃德蒙·德·贝拉米像》（Portrait of Edmond Belamy）的人物肖像画拍出了43.25万美元的高价，几乎是拍卖前最高预估价的43倍。这幅肖像画是由巴黎艺术家团体"显"（Obvious）利用智能算法创作的，它也成为艺术史上第一幅在大型拍卖行成交的人工智能画作。它是由机器学习了从14世纪到20世纪的1.5万张肖像画之后，通过算法生成与识别网络创作出的绘画作品。右下角本来应该是艺术家签名的位置，现在变成了一条公式①，因为这件作品就是由算法、机器用这条公式生成的。所以，它的创作者就把这一公式放在了画作的右下角，也是对提出"生成对抗网络"②模型的人工智能研究学者伊恩·古德费洛（Ian Goodfellow）的致敬。

和早期使用计算机数字技术创作而成的数字艺术作品有所不同，现在的人工智能依赖数据和算法，通过学习和推理，实现对现实世界的模仿和再现，进而能够在短时间内创作出极具艺术质感的作品，仅凭肉眼实难辨别其究竟是不是科技的产物。在传统艺术经

---

① 创作者采用了草书高卢字体的签名："$min\ G\ max\ D\ Ex\ [log\ (D(x))] + Ez\ [log(1 - D(G(z)))]$"。
② 生成对抗网络（Generative Adversarial Networks，简称GANs）是一种深度学习模型，由伊恩·古德费洛等人在2014年提出。GANs由两个关键部分组成：生成器（Generator）和判别器（Discriminator）。这两个网络在训练过程中相互竞争，生成器不断学习如何生成越来越逼真的数据，而判别器则不断学习如何更准确地识别假数据。GANs在图像生成、数据增强、风格迁移、图像修复、文本生成图像等领域有广泛应用。

验中，优秀的大型艺术作品无一不是经过枯燥乏味的训练而成的，艺术家的创作力需要经年累月的沉淀才能蜕变。与之相较，人工智能极大地增强了普通人对个体感知经验做出新诠释的能力。在此基础上，人人成为创作者的时代才会真正来临。

人工智能是我们这个时代最具革命性的技术。

现代人工智能诞生于20世纪50年代，距今已经有七十多年的历史。1943年，一些生物学家和数学家设计了一个基于神经元的数学模型，为神经网络的发展奠定了基础。1956年的达特茅斯会议[①]，被认为标志着现代AI的诞生。达特茅斯学院的数学助理教授约翰·麦卡锡（John McCarthy）在会议上宣布"人工智能"这一新兴领域出现。到了六七十年代，人工智能在语言翻译、语音识别、机器学习等方面相继取得一定进展，逐渐开始帮助人们解决一些复杂的问题。八九十年代，人工智能开始在自然语言处理，包括机器学习等领域发力，在知识表示和推理方面也取得了一些进展。到了90年代，人工智能已经应用于数据挖掘和大数据分析领域，这是人工智能在商业方面取得的重大突破。

---

① 1956年8月，在位于美国汉诺斯小镇的达特茅斯学院中，约翰·麦卡锡（图灵奖得主）、马文·明斯基（Marvin Minsky，图灵奖得主）、克劳德·香农（Claude Shannon，信息论创始人）、奥利弗·塞弗里奇（Oliver Selfridge，机器感知之父）、赫伯特·西蒙（Herbert Simon，诺贝尔经济学奖得主）、艾伦·纽厄尔（Allen Newell，图灵奖得主）等科学家聚在一起，讨论如何令机器拥有智能。尽管会议没有达成普遍共识，但它为会议讨论的内容起了一个名字：人工智能。

第二章 数智：数字文创的技术图景

进入21世纪，人工智能的发展迎来了以深度学习和神经网络等技术为核心的阶段，在包括图像识别、自然语言处理、语音识别等领域，人工智能都取得了显著进展。2017年，Transformer[①]技术崭露头角。而到了2020年，人工智能已经可以帮助人类可控地生成他们想要的文章、图片、音乐等内容。从开始有可用的产品面世，到可以商用、产生行业变革，人工智能大约经历了一年半的时间。2022年，人工智能生成内容（AI-Generated Content，简称AIGC）作为新型内容生产方式取得了里程碑式的进步。从谷歌AI绘画软件到开源的AIGC平台，以及OpenAI的ChatGPT问世，短短两个月里，人工智能快速发展[②]，彻底征服了人类的想象力。

ChatGPT是一个基于对话的人工智能聊天机器人，能够理解自然的人类语言并生成令人印象深刻的响应。作为一种"大型语言模型"（Large Language Models，简称LLMs），ChatGPT使用网络上可用的数据为用户提供一系列问题的对话式答案。传统搜索引擎通常会根据搜索关键词提供互联网上已经存在的内容，ChatGPT则提供了人类从未写过的独特而又新颖的答案。ChatGPT可以理解搜索查

---

① Transformer是一种深度学习架构，由阿什什·维阿斯瓦尼等人在2017年的论文《注意力就是你所需要的一切》(*Attention Is All You Need*) 中首次提出。Transformer架构主要应用于自然语言处理（NLP）任务，特别是在机器翻译、文本摘要、情感分析等领域取得了突破性进展。

② ChatGPT的活跃用户，在两个多月的时间里突破了1亿。而达到这样的用户规模，电话用了75年，手机用了16年，互联网用了12年，微信用了13个月，抖音用了7个月。

询的上下文，并通过使用自然语言处理（NLP）[①]技术提供与用户需求相关且特定的结果。比如，在与ChatGPT-4o的交流中，用户可以随时打断AI的输出，不用等它完全生成内容就可以继续下一轮对话。模型能够充分理解人类的情感，自己也能表现出各种情绪，甚至回应速度比普通人的反应更快。

2024年，OpenAI发布文本转视频大模型Sora，虽然初代产品还需要更好的对现实世界的理解能力，但它代表AI视频技术逐渐成熟并开始商用。其旗下ChatGPT-4之后的新版本大模型ChatGPT-4o，可以跨文本、音频和视频进行实时推理，是向更自然的人机交互迈出的重要一步。目前，ChatGPT已经在文字模态、图像生成等领域展现出极为优越的性能，极大地提升了内容创作的效率与丰富程度。毫无疑问，这是一项非常有冲击力的技术，利用这项技术，人工智能会让更多脑中有画面、心中有故事的人进入创作者行列。

受技术手段不断更替的影响，文化产业内容生产经历了从OGC（职业生产内容）、UGC（用户生产内容）、PGC（专业生产内容）到AIGC（人工智能生成内容）的转变（见图2-1）。OGC的生产主

[①] 自然语言处理（Natural Language Processing，简称NLP）是人工智能和语言学领域的一个分支，致力于研究如何让计算机理解、解释和生成人类语言的内容。自然语言处理的应用非常广泛，包括搜索引擎、推荐系统、社交媒体分析、客户服务自动化、教育技术、健康咨询等。随着技术的发展，NLP在提高人机交互的自然度和效率方面发挥着越来越重要的作用。

体是具有一定知识和专业背景的职业人士,他们的生产行为通常有明确的动因。UGC的生产主体为以任何形式在网络上发表内容的用户,他们的生产行为是为了自我表达。作为一种低成本的内容补充,UGC打破了传统职业生产者在信息传播格局中的垄断局面。PGC的生产主体则是拥有专业知识、拥有内容相关领域资质、拥有一定权威的舆论领导者。他们的生产行为既满足了用户对专业化、高品质内容的需求,又达到了贴近性且个性化的效果。三种内容生产方式的共同点是,生产主体都是人,是创意者,是生产者,是认同者,是服务者。从生产范式演进角度看,在中短期内,AI智能生成、人工引导的"人机协同生产内容"(HMCGC)模式将成为市场主流。

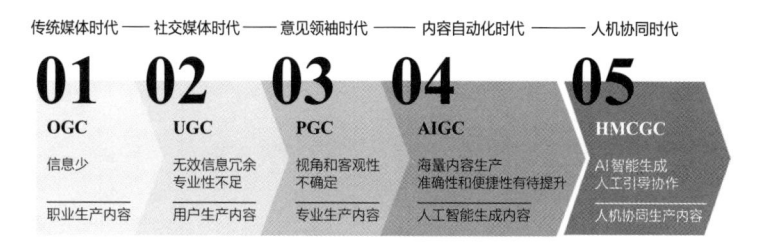

传统媒体时代	社交媒体时代	意见领袖时代	内容自动化时代	人机协同时代
01	02	03	04	05
OGC	UGC	PGC	AIGC	HMCGC
信息少	无效信息冗余 专业性不足	视角和客观性不确定	海量内容生产 准确性和便捷性有待提升	AI智能生成 人工引导协作
职业生产内容	用户生产内容	专业生产内容	人工智能生成内容	人机协同生产内容

图2-1 文化产业内容生产的演进

无论OGC、UGC,还是PGC,都会面临产能与质量的限制问题。面对用户快速增长的内容需求,AIGC为文化产业内容生产提供了新的思路(见图2-2)。在目前的市场下,AI已经具备生成文

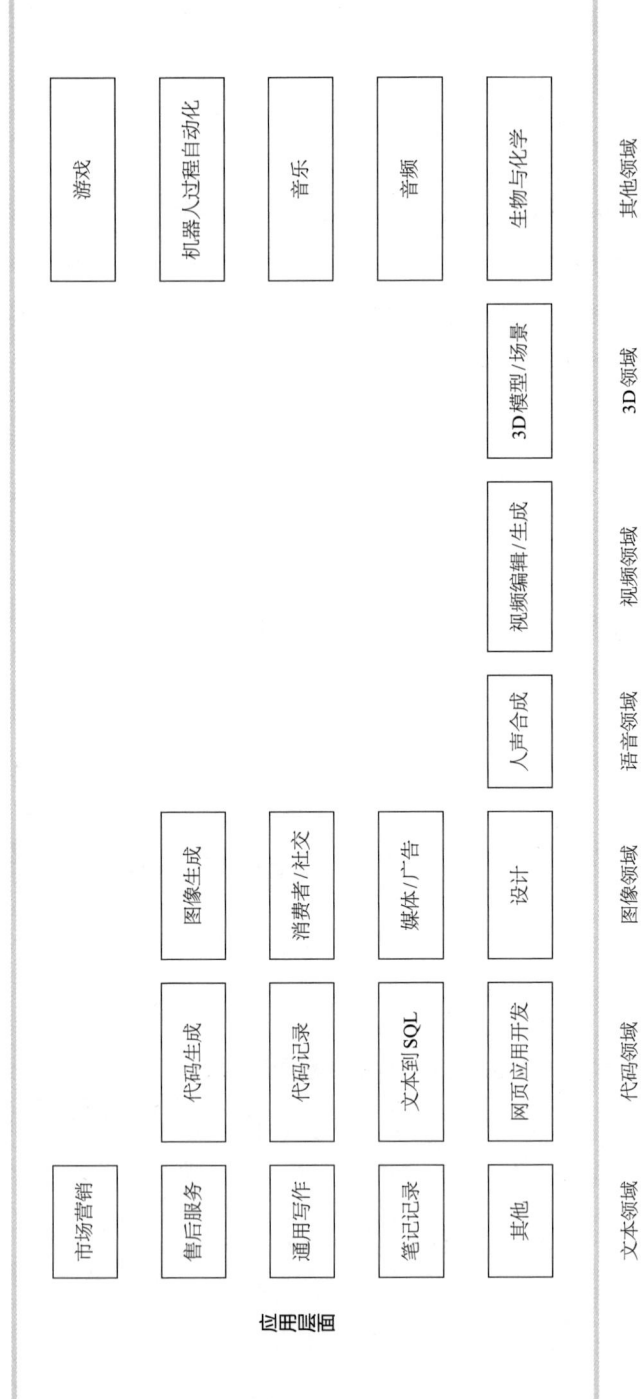

应用层面					
市场营销					游戏
售后服务	代码生成	图像生成			机器人过程自动化
通用写作	代码记录	消费者/社交			音乐
笔记记录	文本到SQL	媒体/广告			音频
其他	网页应用开发	设计	人声合成	视频编辑/生成	生物与化学
				3D模型/场景	
文本领域	代码领域	图像领域	语音领域	视频领域	3D领域	其他领域

图 2-2 AIGC 的应用格局

第二章　数智：数字文创的技术图景

本、音频、图像、视频等多模态[①]数据的能力。基础的生成式AI以文本模态为主要特征，音频、图像、视频等模态市场热度较高。在大模型多模态能力持续升级的支持下[②]，文生图像、文生视频的应用快速发展。随着ChatGPT引爆大模型市场，MaaS（Model as a Service，模型即服务）成为继SaaS、IaaS、PaaS[③]之后的新型云计算服务模式。MaaS将人工智能大模型变成可服务化产品，用户无须自建底层基础设施，只需通过API接口调用便可使用大模型服务，以便捷、高效的方式输出堪比专业水准的创作，极大地降低了内容生产的门槛，带来了海量内容供给。

在经济学家的解释框架中，做某件事情的成本下降，我们就会有意愿去更多地做这件事。人工智能将凭借其交互界面的用户友好性、大模型开源、API接口的易用性及插件服务带来的应用生态繁

---

① "多模态"（Multimodal）这个术语通常用来描述能够结合或同时处理多种不同类型的信息输入或输出的系统、技术或方法。在人工智能、机器学习和人机交互等领域，多模态涉及的"模态"可以是视觉、听觉、触觉、嗅觉、味觉等感官形式，也可以是文本、图像、声音、视频等数据类型。利用多模态学习（Multimodal learning）方式可以帮助机器更准确地理解外部世界和处理复杂的信息。
② 从2018年开始，谷歌、OpenAI、英伟达、Meta和微软等大型科技企业纷纷推出自研大模型技术。2023年，受ChatGPT驱动，大模型发展迈向新阶段，国产大模型一时之间呈现出爆发式增长态势。据赛迪顾问统计，截至2023年7月，中国累计已有130个大模型问世。
③ SaaS、IaaS和PaaS是云计算服务的三种主要模式。SaaS（Software as a Service，软件即服务）：用户不需要安装和维护软件，而是通过订阅服务来使用软件，如电子邮件服务、在线办公软件等。IaaS（Infrastructure as a Service，基础设施即服务）：用户可以按需租用虚拟化的计算资源（如服务器、存储器和网络资源等），而无须购买和维护物理硬件。PaaS（Platform as a Service，平台即服务）：用户可以在平台上开发、运行和管理应用程序，而无须构建并维护底层硬件和软件基础设施。

荣等优势，成为像水、电、网络一样的基础设施，渗透并改变千行百业。我们会逐渐发现，世界上所有人创造的数据量（文字、照片、视频的总和）将小于"AI生成内容"和"AI合成数据"的数据量。从AI发展到AIGC，人工智能从感知理解世界发展到生成创造世界，这是开创新时代的巨大跃迁。它代表了一种全新的文化产业内容生产方式。对于没有真正创新能力的创作者来说，他们的技能也许很快会被AI替代，但对于具有独特创造性的创作者来说，AI将是他们突破边界的一个绝佳工具。就像工业革命时期机器代替工人的时候，只有一种人不会失业——操作机器的人。人和工具从原来人利用工具的关系变成了人机协同的关系。

随着人工智能技术以不可阻挡的态势席卷全球，我们逐渐进入一个充满未知和惊喜的新世界。2016年人机围棋大战中，世界围棋冠军李世石三次败给阿尔法狗（Alphago）。在第四次对决中，李世石第78手战胜了阿尔法狗。在被称为"神来之笔"的一手出现的那一晚，无数人彻夜狂欢。人工智能将赢得与人类的较量，似乎不过是虚惊一场。那时候的人工智能是判别式AI模型，是在算法基础上根据已有的数据做出的分析判断，而现在的人工智能是生成式AI模型，可以基于以前的数据生成新的内容。人们一直以为，人工智能首先取代的应该是比较简单的重复性工作，最后才会取代创意性工作，但随着AIGC的高速发展以及大量优秀AI模型出现，人们惊讶地发现，情况恰恰相反：AIGC最先取代的居然是创意性工作。

第二章 数智：数字文创的技术图景

此前常有人说，艺术是人类独有的，也是最终的圣殿①。那么现在呢？科技的进步似乎第一次向艺术发起了挑战：人工智能创造的艺术是真正的艺术吗？艺术家会被AI取代吗？

人工智能不仅改变了整个产业的组织方式和价值链构成，更彻底更新了人们对文化、创意的认识，改变了人们对信息、内容甚至社会的看法。焦虑、迷茫甚至恐惧的情绪弥漫在互联网的舆论中，人们开始担心AIGC的广泛使用是否会泯灭人类在创造力领域的独特性。技术的跃迁、生产效率的提升不会自然而然地带来社会整体福利水平的提升，反而会以牺牲部分人的利益为前提，引发社会结构、分配方式的重塑。AIGC逐渐应用以来，已引发知识幻觉、数据安全、个人隐私、道德伦理等诸多方面问题的讨论，新生的行业迫切需要监管措施跟进和健康发展引导。放眼历史，与之前同样伟大的革命性技术——电力、汽车、塑料、微芯片、互联网和智能手机一样，人工智能必将为边界问题带来前所未有的答案。对于人类来说，全新的颠覆性技术既可以成为启迪智慧的"普罗米修斯之火"，也可能沦为承载灾祸的"潘多拉魔盒"。结果如何，完全取决于人类如何运用这些技术。

---

① 尤瓦尔·赫拉利（Yuval Harari）在《未来简史》(Homo Deus: A Brief History of Tomorrow) 中曾经对此表态："并没有理由让人相信艺术创作是一片能完全不受算法影响的净土……从生命科学的角度来看，艺术并非出自什么神灵或超自然灵魂，而是有机算法发现数学模式之后的产物。若真是如此，非有机算法就没有理由不能掌握。"

空间计算：定义人机交互新范式

"到处都是动态的信息窗口，墙壁上、桌面上、椅子上、地板和天花板上，甚至一些小的物品（如餐桌上的水杯和餐巾纸盒）上，都有操作界面、滚动文字或动态图像显示，仿佛整个餐厅就是一个大的电脑显示屏，显现出一种纷繁闪耀的华丽。"这是科幻小说《三体：黑暗森林》里技术爆炸后的世界景象，罗辑"冬眠"100多年醒来后，发现能摸到的地方几乎都是屏幕。"这个世界，好像就是用显示屏当砖头建起来的。"

科幻作家刘慈欣笔下的未来世界，不仅是技术的展示，更是对人类未来生活方式的深刻思考。那是一个类似于环境感知[①]的计算环境，其中计算机和通信技术无处不在，与人们的日常生活融为一体，但又不引人注意。计算设备会自动感知和响应人们的需求，并在背后默默运行，提供智能化的、自然的和无缝的用户体验。今天，当小说中的想象照进现实，空间计算正为我们的世界带来一场革命性变革。"空间计算"的概念最早出现在2003年，由麻省理工学院的西蒙·格林沃尔德（Simon Greenwold）在其论文中首次提出。他将"空间计算"定义为一种利用空间数据和算法，对空间信

[①] 环境感知（Environmental Perception）是指个体或系统对周围环境的感知、理解和解释的能力。这一概念在多个领域都有应用，包括心理学、认知科学、人工智能、机器人学等。

息进行处理和分析的技术。其核心在于使人摆脱屏幕的束缚，使所有表面都成为潜在的交互界面。

在空间计算出现之前，人类先后经历了桌面计算（PC）和移动计算（手机）两个阶段。桌面计算侧重于个人使用的计算设备和桌面应用，一般应用于办公、娱乐和个人生活等方面，解放了个人的计算负担，使人能专注于创造；移动计算关注移动设备和移动应用，以人为节点，通过便携式终端设备有效连接了世界，使得信息传递更为方便快速，广泛应用于移动通信、社交媒体、移动支付和移动商务等领域。空间计算涉及计算能力在物理空间的扩展和应用，实现了与环境的交互和融合，从而定义了一种人机交互新范式。

狭义的空间计算平台允许用户创建虚拟信息并把信息投射到真实空间（人和计算机所处的物理空间）中，也可以让用户把真实空间或者真实空间中的事物数字化后放进数字空间（计算机内部信息层面对应的虚拟空间）中。而广义的空间计算平台则是"信息-环境"耦合系统[1]，通过所在环境与信息之间的耦合实现对真实环境时空属性的控制。空间计算平台可以测量真实环境的时空属性并将其转化为信息，之后对获取到的时空信息进行信息层面的操

---

① 耦合系统是指两个或多个相互关联的系统，它们之间存在动态的相互作用和影响。耦合系统作为一个整体，其性能和行为是所有子系统相互作用的结果。耦合系统的常见类型包括紧密耦合、松散耦合、数据耦合、控制耦合等。

作，并根据计算机的指令对真实空间的物体进行操作控制以改变其时空属性。

回溯过往，空间计算改变了我们进入虚拟世界的入口。桌面计算时代，网页浏览器是用户接入互联网的入口。移动计算时代，应用程序成为入口。无论通过网页，还是通过应用程序接收画面、声音、语言和文字，我们自己都生活在屏幕之外的现实世界中。虚拟世界与现实世界偶有映照，但本质上不在一个维度。相比之下，空间计算依赖3D引擎、VR/AR/MR、语音与手势识别、空间映射、数字孪生等底层技术，有望彻底打通虚拟世界与现实世界之间的壁垒。虚拟现实（VR）通过视觉和听觉系统使用户屏蔽现实世界，完全沉浸在虚拟的数字世界中并产生身临其境的感觉；增强现实（AR）将虚拟数字信息叠加到现实世界中，可以同时显示现实和虚拟世界的信息；混合现实（MR）实现虚拟数字信息与现实世界的交互，合并现实世界和虚拟世界从而产生新的可视化环境。下一代互联网将从"一个屏幕"背后的二维世界，转移到"一副眼镜"背后的三维世界。虚拟世界不断融合现实世界，构成"新现实世界"。在空间计算时代，XR设备或将成为元宇宙技术成熟之前的互联网入口。

环顾当下，空间计算正在重塑我们与世界交互的体验。人机交互（Human-Computer Interaction，简称HCI）是研究人、计算机以及它们之间相互影响的技术。人机交互技术的发展与计算机技术的进步如影随形。在此之前，传统计算设备以二维屏幕作为主要呈现方式，交互方式从键盘鼠标发展到多点触控。时至今日，键盘与鼠标依旧是人机交互的重要设备。究其原因，从媒介延伸角度看，二者共同延伸了人类交流信息与感知世界的重要器官——嘴巴与手指。但以2007年苹果公司发布第一款使用多点触摸屏的智能手机为节点，触摸屏便开始广泛取代键盘与鼠标，成为又一个关键交互设备，人机交互的主要方式也从基于键盘与鼠标的可感操作转向基于触摸屏的无感操作。在科技公司的助推下，各类触屏终端相继涌现，形塑着新一代人机交互方式。而新登场的空间计算设备Vision Pro，已经完全摒弃了手柄之类的辅助操作工具，使用者可以仅通过语音、眼部或手部动作对设备进行操控：当你的视线扫到你要关注或选择的地方时，你只需要用手指隔空对其进行操作，就能抓取、点击眼前的虚拟屏幕或虚拟事物。虽然短时间内Vision Pro的交互体验还不完善，但我们对它的进化和迭代依然充满憧憬。

展望未来，空间计算会持续改变我们获取信息的方式。空间计算打破了传统互联网以平面、视听为主的二维信息呈现样态，进而呈现出更多全息影像、全真互联的场景，味觉、嗅觉、体感等平面互联网时代无法传递的信息都将实现远程感知。人们不再只是看到、读取信息，而是走进信息。信息通过面前的屏幕，走到了每个人的身边。用户戴上眼镜之后，就不再是一个被动的观看者或者隔着屏幕的操控者，而是可以借助数字化身直接和媒介内容融为一体，置身其中。就像沉浸式演唱会公司AmazeVR所呈现的那样，观众能轻松挤到演唱会前排体验现场的音效和舞美，进行一些只有在大型音乐节上才有可能实现的互动,更重要的是,这些体验都是免费的。观众能感受到演唱会现场的氛围,包括听到其他观众的欢呼声,唯一的遗憾可能在于观众是以卡通形象参与其中的。空间计算让用户可以按照日常生活里最自然的交互方式来进行空间信息的获取,使得人机交互不再局限在实体屏幕上,而是可以自由流动在周围环境中。在此之后,实体屏幕将消失,任何物体、任何地方,随时都可以成为屏幕的载体,信息和我们看到的世界融为一体。

当前,空间信息的计算处理能力仍处于发展初期,不能有效满足智能终端的需求,只能通过堆砌更高配置的硬件模块来提供用户体验,这导致了设备售价居高不下,在大众消费市场的渗透率较低,无法实现大面积普及。苹果 Vision Pro 是初级空间计算设备的典型代表。苹果公司早在 2015 年就组建了 AR/VR 研发团队,同时通过投资和并购不断扩大虚拟现实领域的布局版图。经过多年研发测试,Vision Pro 终于在 2023 年的苹果全球开发者大会(WWDC)上惊艳亮相。凭借苹果公司在智能手机时代积累的成熟开发生态和巨大研发投入优势,Vision Pro 能够在清晰度、亮度、色彩呈现上达到当前市面上最真实的效果。戴上 Vision Pro,科幻片《头号玩家》里的元宇宙世界似乎不再遥远,只需要眼睛和手指微微一动,一个无比真实的虚拟世界就能为你带来震撼,这也是令所有人惊艳的魔幻时刻。当然,Vision Pro 毕竟是初代产品,从其表现来看,它仍旧称不上是 XR 产品的最终样态,无论从娱乐角度还是从生产力角度来看,它更像个过渡产品。但苹果公司的入场,让我们看到了空间计算快速发展的曙光。它带来的巨大兴奋感，是人们对未来世界的无限想象。

部分学者认为，脑机接口[①]或将是空间计算设备的远期形态。脑机接口在人脑与外部设备之间创建了用于信息交换的连接通路，通过电信号模拟来替代人类的感觉器官。受制于研究范式、芯片技术、生物特性等因素，脑机接口领域还未出现面向主流用户的成熟交互方案与技术设备。但从理论上看，基于脑电信号直接控制外部设备在效率上优于其他手控操作或感知识别，成熟的脑机接口设备也将会为人机交互带来颠覆性变革，在生物学意义上能够增强神经网络的计算能力。

未来，空间计算能带来的远不止于此，甚至会超越当下的想象。正如科幻作家亚瑟·克拉克（Arthur Clarke）所言，任何先进的技术都与魔法无异。空间计算让人类能够在三维空间中与计算机交互，其魔力不仅在于打破了实体屏幕的限制，更在于源源不绝的、突破想象边界的场景体验。空间计算只露出了冰山一角，但人类看到了过往数千年未能见到的风景。

---

① 脑机接口（Brain-Computer Interface，简称BCI）是一种直接在大脑与外部设备之间建立通信和控制渠道的系统。它允许大脑直接发送信号以控制外部设备，而无须通过神经和肌肉的常规通路。当前脑机接口技术的关键应用之一是在医疗健康领域，主要用于帮助那些运动感知功能受损的人恢复与外界的交流和控制能力。

区块链：重塑信任与价值的革命

和很多新生的技术或事物一样，"区块链"（Blockchain）一词在步入公众视野之后，迅速引发了媒体关注和投资热潮，兴奋与焦虑的情绪交织而来。坊间将区块链看作新互联网时代的标志，期待区块链技术能在移动互联网整体面临增长瓶颈的情况下成为下一个增长点。投资者以极高的市场敏锐度追逐风口而来，试图捕捉最新的投资机会。但风口也意味着大量投机者的涌入，其中不乏打着区块链的旗号，做着坑蒙拐骗的勾当的人。劣币驱逐良币，此时被鼓吹得过度繁荣的区块链存在着大量泡沫。正如全球知名技术咨询机构Gartner提出的技术成熟度曲线[1]所呈现的那样（见图2-3），每一次感觉市场中的泡沫含量巨大的时候，往往就是处于曲线的顶峰的时候，顶峰之后则是巨大的失望和下滑。当区块链的技术发展不及预期，"暴富"变成"暴雷"，市场转向理智后，整个行业从非理性繁荣断崖式坠入了寒冬。但此时，很多普通人对"区块链"的概念仍旧一头雾水。

---

[1] 技术成熟度曲线（Gartner Hype Cycle），又称技术循环曲线、光环曲线、炒作周期，它将新技术从概念、胚胎发展到成熟的过程划分为五个区间：技术萌芽期（沉寂期）、期望膨胀期（爆发式的非理性繁荣）、泡沫破裂低谷期（断崖式下跌）、稳步爬升复苏期（价值回归），以及生产成熟期。

第二章 数智：数字文创的技术图景

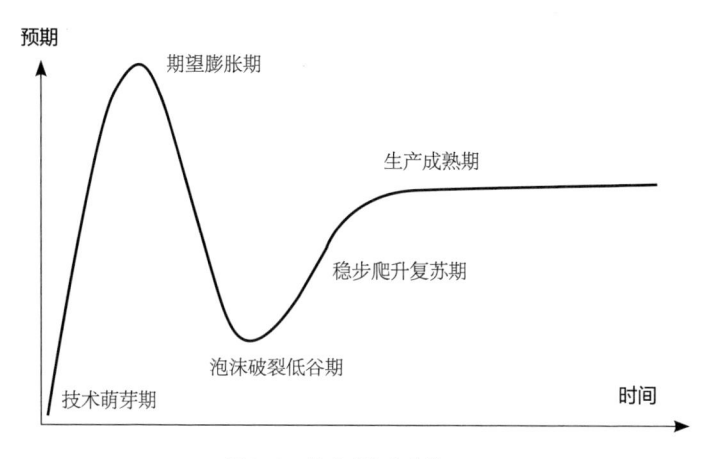

图2-3 技术成熟度曲线
（预期 / 时间；技术萌芽期、期望膨胀期、泡沫破裂低谷期、稳步爬升复苏期、生产成熟期）

美国科技作家梅兰妮·斯万（Melanie Swan）所著的《区块链：新经济蓝图》（*Blockchain: Blueprint for a New Economy*）一书将早期区块链技术演进历程分为三个阶段。在第一个阶段，区块链作为底层数据架构，其技术研究范围仅限于一小群密码学爱好者、技术极客。此阶段以比特币[①]为代表，技术研发、应用场景仅限于加密货币。第二个阶段，在加密货币基础上加入了智能合约，可以在底层的区块链技术基础上做更多的应用开发。以太坊[②]的出现是

---

① 2009年1月3日，第一个序号为0的"创世区块"诞生，2009年1月9日出现序号为1的区块，并与序号为0的"创世区块"相连接形成了链，标志着区块链的诞生。因此，目前普遍认为区块链技术最早起源于比特币开源项目。
② 2013年，《以太坊：下一代智能合约与去中心化应用平台》的发布，标志着区块链技术从1.0进入2.0阶段，每个人都可以在以太坊平台创建智能合约，发行、交易不同类型的数字资产。

区块链技术进入2.0时代的典型标志,随后一场比特币历史上最大的牛市不期而至。区块链从开发者的技术世界转变为资本狂潮的狩猎场。2018年之后,区块链技术的发展进入第三阶段,随着政府监管加强和投资风口褪去,行业开始了一段浩浩荡荡的去泡沫化进程。截至2018年年底,区块链市值规模由巅峰时刻的8290亿美元缩水了将近90%。此后出现的区块链项目更多围绕应用来构建基础设施,推动区块链技术在金融领域、身份识别、版权保护、供应链等领域发展成熟、可落地的应用。"区块链"的概念于喧嚣中逐渐沉寂,但产业应用却开启了新的篇章。

回顾过往种种,区块链的泡沫基本上产生于以比特币为代表的虚拟货币。2013年11月29日,比特币的价格首次超过黄金。然而,比特币只是区块链技术早期版本的应用,本身并不具备内在价值,真正有价值的是区块链技术本身。区块链是一门跨学科的边缘技术,涉及密码学、分布式网络、计算机软件、博弈论等多个不相关的学科,技术发展异常迅速,知识更新非常之快。简单来说,区块链本质上是一个公开、透明、高效、不可篡改的分布式数据库,它可以记录任何有价值的信息。

透明和高效——区块链上的每一个区块,就好比一个数据账簿,里面储存了一份完整的交易历史记录。区块链的所有交易都是公开和可溯源的,任何参与者都可以随时随地查阅和验证每一笔交易。而每一笔交易的达成也都必须经过网络中大部分节点的确认和验证，以确保合法性和公正性。若大多数节点通过了共识机制①的验证，认为这笔交易有效，这个区块就会被添加到区块链上，交易便完成了。整个过程通过智能合约自动执行，不需要任何第三方参与，大大提高了处理速度，降低了交易成本。在这种有技术和机制保障的环境下，所有的数据和信息流动都变得透明且高效，极大地提高了系统的公信力。

安全和不可篡改——区块链拥有成千上万的节点，但其区块并非孤立存在，各个区块就好像挂在同一列火车上的车厢。不同的是，它们之间的这种链接是通过密码学的方法实现的，每一个区块都包含一组交易的哈希值②和前一个区块的哈希值。这种链式结构使得一旦某个区块的数据被篡改，其哈希值就会发生变化，从而导致后续所有基于该哈希值构建的区块的哈希值也发生变化。数据一旦被添加到区块链上，就无法被修改或删除。借助这种独特的分布式网络结构和密码学基础，区块链在保护数据的完整性和真实性方面具有非常重要的价值。

---

① 常见的共识机制包括工作量证明（PoW）、权益证明（PoS）和委托权益证明（DPoS）等。这些机制确保了网络中的所有参与者都同意当前的区块链状态，从而增强了系统的安全性。

② 哈希值（Hash Value），也称为哈希码或摘要（Digest），是一个通过哈希函数（Hash Function）计算得到的值，用于确保区块链中的数据不被篡改，是区块链技术能够安全、高效运行的关键因素之一。

理解了区块链技术的本质和优势所在，就不难发现，区块链技术的价值取向是围绕去中心化、安全性、透明度和效率等核心原则构建的，旨在创造一个更加开放、公平和可信赖的数字环境。当文化产业引入区块链技术的时候，其早期应用场景主要集中在知识产权保护这个层面。

2022年12月8日，在国家文物局"互联网＋中华文明"行动计划的指导下，由敦煌研究院与腾讯公司联合打造的"数字敦煌开放素材库"正式上线。这是一个基于区块链技术的数字文化遗产开放共享平台。素材库首批收录了6500余份来自敦煌莫高窟等石窟遗址及敦煌藏经洞文献的高清数字资源档案，并向全球用户开放。内容包括壁画、佛像、珍贵文献等的高清图像，每一幅高清图像都附带相应的学术介绍说明。基于区块链的数字文化遗产开放共享平台，针对数字资源库、版权保护、版权授权和IP资源开发等方面的行业痛点（见表2-1），实现了从文化内容的采集、上云、确权、存储、大数据分析、交易、数据超市、内容再加工、消费等全流程、全生命周期的管理和多网、多终端的展示使用。它以"链"确权，贯穿素材使用全周期，提高了素材管理和版权管理的效率，为文博行业开创了数字文化遗产开放、共享与共创的新模式。

表2-1 文化遗产保护开发的行业痛点

类型	产品	行业痛点
保护类	数字资源库	保护难
		共享难
		应用难
	版权保护	侵权发现难
		取证固证难
		维权索赔难
开发类	版权授权	价值挖掘难
		授权追踪难
		收益分配难
	IP资源开发	IP活化难
		优秀创意少
		发行成本高

文化遗产的数字副本以多模态数字资源库的形式存储在分布式网络上,可以确保数据的安全性和完整性;区块链版权存证可以为每一个文化遗产创建唯一的数字身份,确保其版权归属和历史记录的准确性,授权信息全链路可追溯,有助于防止未经授权的使用和侵权行为;去中心化的内容分发平台则将版权方、创作者、用户有机聚合,减少了中介机构的参与,允许版权方和创作者直接向社会大众提供便捷化、个性化的数字资源服务,进而改变数字版权的交易、收益分配模式和用户付费机制等基本产业规则。

伴随着技术应用场景的不断开拓，基于区块链的非同质化代币（NFT）为艺术家和创作者提供了新的展示渠道和盈利渠道，也为消费者提供了新的文化体验和收藏方式。2021年年初，数码艺术家迈克·温克尔曼（Mike Winkelmann）耗时14年创作的数字艺术作品《每一天：最初的5000天》（*Everydays:the first 5000 days*）以NFT的形式在佳士得拍卖行以6934万美元（约合4.5亿元）的价格拍出。此次拍卖在数字货币领域与艺术领域都堪称具有标志性意义的事件，由此亦将早已默默发展多年的NFT概念推为全球最热门的话题。

中国NFT市场主要以数字藏品的形式出现，这是针对特定文化商品、艺术品利用数字技术生成的数字凭证。社会公众对于数字藏品的发行表现出极大的热情，公开数据显示，2021年国内各发售平台累计发售456万份数字藏品，总发行价值约为1.5亿元。数字藏品以亲民的价格拉近了公众与博物馆馆藏资源之间的距离，让普通消费者也能从中体会到收藏的快乐。但消费者购买到的数字藏品只能在手机上收藏、品鉴，源文件不支持本地下载，也无法用作任何商业用途。在市场热度高涨的早期阶段，数字藏品发行质量良莠不齐，其中不乏粗制滥造之品，售卖价格严重偏离其真实价值。国内数字藏品市场合规性要求对于二级市场的限制，极大地压缩了数字藏品的炒作空间，数字藏品市场也在话题热度下降之后慢慢回归正常。

区块链依靠技术手段在人与人之间、人与机器之间、机器与机器之间构建信任，同时为数字资产和数据资产提供全新的管理和交易方式，催生新的商业模式和服务，最大化释放数据的潜能。它不仅是一种算法的革新，还代表一种观念的更新。随着技术的不断进步，人们生产和消费文化内容的行为持续数字化将成为不可逆转的趋势。越来越多的数字内容和文化体验将以虚拟资产的形式被创造出来，这些新型资产的价值归属、流通、变现等都依赖区块链技术的进一步发展和完善。

互联网之于信息交流，如同印刷术之于知识传播，在未来的历史记载中，区块链必将是一场重塑信任与价值的革命，悄然改变世界的规则。

第八节　终端应用：文化消费的场景拓维

文化消费由文化需求驱动，同时受到文化供给制约。

在我国以差序格局①、熟人社会为特征的乡土秩序中，人们文化消费的观念尚未形成，文化消费多与婚丧嫁娶等礼仪习俗、节庆表演等活动融为一体，与饮食、服饰、人际交往密不可分。中国文化消费的迅猛发展始于改革开放的最初十年。在"八亿人看八台样板戏"②的时代之后，看电视、听广播和跳迪斯科等活动成为时髦的文化消费方式。随着社会主义市场经济体制的建立，中国社会的整体心态和深层文化语境发生了巨大变化。以歌舞厅、录像厅、游戏厅

---

① 差序格局是社会学中的一个重要概念，主要用来描述社会结构中个体或群体在地位、权力、财富等方面的差异和等级排列。这个概念最早由德国社会学家马克斯·韦伯（Max Weber）提出，后来被其他学者进一步发展。
② 八台样板戏是指在1966年年底到1970年期间被推崇的八部红色经典作品，分别为：京剧《智取威虎山》《海港》《红灯记》《沙家浜》《奇袭白虎团》，芭蕾舞剧《红色娘子军》《白毛女》，以及交响音乐《沙家浜》。

等为代表的大众娱乐场所，以及以博物馆、音乐厅、大剧院等为代表的高雅文化场所，如雨后春笋般在全国涌现。

20世纪90年代末期，中国经济实力的快速增长促进了文化消费的繁荣发展，形态多样的大众娱乐媒体不断普及，释放出积蓄已久的文化消费潜力。这一时期，文化旅游呈井喷式发展，休闲娱乐需求持续高涨，各种新兴业态层出不穷，文化消费产品日趋丰富。及至近前，蓬勃发展的数字技术赋予了文化供给前所未有的自由度，催生出越来越多的文化消费新业态。

在底层生态和关键技术的支撑下，数字文创正在以多样化的形式进入我们的日常生活。在终端应用层面，我们看到了新的商业模式和经济增长点的形成。在地的文化消费以高质量的空间场景体验，让本地市民在附近看到远方，让外地游客来此处如同归乡；在线的文化消费以碎片化、虚拟化、社交化的方式，改造旧业态，催生新业态，使不同群体和不同层次的文化消费需求得到释放；在场的文化消费以前所未有的沉浸感和参与感，连接起现实与想象、个体与群体、传统与未来。从在地、在线到在场，文化消费在内容、形式、渠道、体验等多个维度上不断拓展创新，相互融合共生。

在地：没有什么比现场更能抵达心灵

"一年又一年，往事如云烟。归来又走远，在天边……金黄的麦田，生长在家园。在那河之南，在人间……"

2021年6月6日，伴随着回荡在剧场上空的主题歌曲，一座拥有21个剧场的戏剧幻城"只有河南"正式开城纳客。这是一座以厚重的中原文化为题材，以沉浸式戏剧艺术为载体，用全新的在地观演体验，讲述关于"土地、粮食、传承"故事的戏剧聚落群。在这里，每年有上千万人得以重新感知河南[①]。

平视过去，只有河南·戏剧幻城是一座四四方方的城郭。在黄土夯筑的高墙下面有百亩良田，随四季轮转播种麦子和高粱。从青苗初露、绿意盈畴到风吹麦浪、麦穗金黄，眼前这幕场景是许多观众在抵达之后发出第一声惊叹的地方，它是只有河南·戏剧幻城第一位出场的"演员"。

日暮时分，灯光秀登场，夯土墙变身世界上最长的"清明上河图"和"千里江山图"，以奇美壮丽的动态秀送别天南海北的游客。只有河南·戏剧幻城的建筑以中国围棋棋盘为设计意象，融入中原传统民居文化元素，按照古代城市的里坊布局，建成了56个不重样的方格院落空间。每一个方格院落就是一个世界，分别承载着主题剧场、情景商业空间和室外戏剧空间的功能。游客行走其间，

[①] 相关公开数据显示，2023年，只有河南·戏剧幻城观剧人次突破1200万。来自省外的观众超过70%，其中90%是自发而来的散客。

伴随空间高低、内外光影的不停切换，产生现实与戏剧的对望感。行进路线的无数个排列组合方式，使不同的游客有不同的体验。晚上和白天的视觉感觉更是天翻地覆，充分体现了幻城之"幻"。

在数字技术的加持下，只有河南·戏剧幻城通过多艺术形态融合展现河南大地的黄河文化、中原文化印记，进而表达对中国文化、中国历史和中国人精神的深刻关注。粮食和土地，作为刻入河南人骨血中的记忆，成为只有河南·戏剧幻城的内容母题。在导演精心编织的剧场故事里，游客们可以体验从夏商光影到此刻洞天的变幻，从个体悲欢到家国苦难的共鸣。移步易景，与千年之外的君王不期而遇，和苦难深重的饥荒岁月共悲欢。

只有河南·戏剧幻城首次将严肃的戏剧艺术形式作为"被消费主体"，而不仅仅是景区的文化配套。园区内的剧目总时长约700分钟，单日演出可达125场4050分钟，是目前世界上规模最大、演出时长最长的戏剧聚落群。观众想要看完所有的剧目，大概需要三天时间。作为中国第一座戏剧主题公园，只有河南·戏剧幻城颠覆了传统的主题公园演艺模式，以传统戏剧艺术和现代科技创新相结合的方式，将常见的观光旅游转化成了带有共鸣性的体验式旅游，创造了不同于过往的主题公园消费场景和内容，这是一个具有里程碑意义的开端。在只有河南·戏剧幻城出现之前，人们从未想到河南会以这样的姿态向全世界展现自己的美与独一无二的中原文明。在沉浸与震撼之余，更是唤醒了游客的本土荣耀和家国情怀，激发了游客继续探寻河南、感知河南的兴趣。

数字未来：文化创意与明日商业

"伸手一摸就是春秋文化，两脚一踩就是秦砖汉瓦。"历史厚重的河南宛如一座天然的中华历史博物馆，从来都不缺内容。近几年来，《唐宫夜宴》《元宵奇妙夜》《清明奇妙游》《端午奇妙游》等一部部优秀作品展现的是河南对外的文化输出，令观众感受到了河南独有的文化魅力，也意味着河南迈出了"文化引人"的第一步。随着社会综合治理能力和旅游服务环境的持续提升，河南文旅流量稳步领跑全国[①]。

作为一种活态资源，流量是需要运营才有转化的。一味地依赖打造网红爆款而来的营销流量，朝生暮死，瞬息即逝。唯有走出流量密码和营销声浪的迷局，实打实地提升影响消费者文旅体验的供给保障能力和产品创新能力，在地文化消费的价值和效用才能被消费者接受，从而产生对地方经济可持续的拉动作用。

早些年，文旅行业通常凭借"靠山吃山、靠水吃水"的原始资源禀赋就能够满足消费者的需求。可如今，消费者见多识广，经历丰富，仅仅依靠盘点老祖宗的遗产清单、细数本地负氧离子的含量等手段，恐怕会举步维艰。随着文化消费选择日趋丰富化、多元化、虚拟化，唯有在数字技术的加持下，让本土的文脉资源更加可触可感，方能激活消费者"非去不可"的欲望。正所谓"近者悦远

[①] 数据显示，2023年，河南省接待游客9.95亿人次，为2022年同期的228.2%；旅游收入9645.6亿元，为2022年同期的305.2%。

者来",内培外引地孵化出高质量的空间场景体验才是在地文化消费生生不息的"留量"之道。

不同的出发点会导致对"在地"产生不同的理解。

在文化研究、社会学和人类学的语境中,"在地"（Locally）的概念与地方性（Locality）、地方认同（Sense of Place）和文化地理（Cultural Geography）[①]等概念紧密相关,用于指代地方文化、地方知识的协商交流。在全球化与文化多元化的讨论中,"在地"的概念逐渐被应用于旅游业、文化产业和商业策略中,以突出地方特色和促进地方经济。而在本文的叙述中,"在地"（On-site）的概念则回归其本意,指向具体的地域、地方和地点。延伸开来,在地文化消费指的就是消费者亲身前往某个物理空间进行的文化活动。比如,游历名山大川、观看现场演出、参加文化节庆,等等。在这些真实场景中,消费者可以直接感受到文化产品的魅力,体验到文化活动的氛围。

在地文化供给能力很大程度上决定了在地文化消费方式。互联网兴起之前,国内文化消费风尚以市场经济为基础,大众媒介为传播载体,休闲娱乐为出发点,按照从城市到乡村,从沿海到内地的时序差异传播。不均衡的经济发展基础和生态自然禀赋带来特色鲜

---

① 文化地理是人文地理学的一个分支,它研究文化现象在地理空间中的分布、发展和变化。文化地理学关注文化元素如何与地理环境相互作用,以及这种相互作用如何影响人类社会。

明的区域性文化供给。正如云南大学教授李炎在解读《"十四五"文化产业发展规划》时所指出的那样:"东部地区在庞大城市群文化消费市场及完备现代服务业的支撑下,成为中国文化产品内容生产和服务的主体区域。中部地区通过历史文化和地方文化的传承、活化,形成了以主题公园、文化旅游、演艺和都市文化消费为特征的发展态势。西部地区则依托良好的生态环境、民族文化,构成了以民族演艺业、民族工艺美术、民俗文化体验、休闲娱乐、节庆会展等为特色的产业体系。"近些年,国家从顶层战略推动区域文化产业协同发展,促进文化融入新型城镇化,发展乡村特色文化产业。在尊重文化产业发展规律,尊重本土资源要素条件的前提下,文化产业从业者更应突破传统"东强西弱"的空间格局,助力乡村文化的创新发展和有机更新,为在地文化消费创造全新的可能性。

随着互联网技术及其基础设施的不断发展,国内在地文化供给的差距逐渐摆脱地域性桎梏,实现了随时随地和同步消费。但无论技术如何快速进化,那些只有抵达现场才能体验到的独特感受,总是在不断地激起消费者的"奔现"欲望。消费者基于自身的知识水平、理解能力、经济收入、兴趣爱好和社会经验等,形成了不同的文化消费需求。他们追逐着符合自身身份认同、文化记忆、精神境界的在地文化资源,在这些独特的文化场所中寻找归属感和自我表达的方式。在当前全球同质化的视觉文化和空间生产中,人在信息爆炸中迷失,很难找到归属感和认同感。因此,无论强调地方特色的文化供给,还是单纯地指向抵达某个具体的场所,"在地"的重要性都不言而喻，可谓文化消费的必争之地。

在线：寻找信息过载时代的注意力通路

移动互联网、人工智能、虚拟现实等新技术的发展，不仅催生了在线文化消费的新市场，也推动了文化产业从生产、运营到传播、消费等整个生命周期的变革。

在线文化消费，以其便捷、多样和互动的特性展现出前所未有的成长潜力，在为大众带来更为自由的文化消费选择的同时，也深刻影响着大众的消费方式与消费决策。与过往不同的是，在线时代的文化商品要么是以数字化为存在样态的商品，如信息、软件、视听资料等没有实物载体的商品；要么是借助数字化方式呈现的商品，如实体商品的网络营销。传统的文化商品，如电影、电视、书籍等，逐渐与互联网平台结合，产生了新的产品形态，并且呈现出巨大的规模效应、网络效应和经济效应。

2024年1月23日，《人民文学》杂志做客"与辉同行"抖音直播间，开启直播首秀，"全程只卖一份文学杂志"。这场直播累计观看人数895万，获得上亿个点赞。当晚《人民文学》全年订阅量在4个小时内突破8.26万套（99.2万册），成交金额1785万元。而2023年，《人民文学》杂志全年订阅量才1万多套。在严肃文学式微的今天，文学期刊的"黄金时代"或许早已远去。但这场直播证明了，人们对文学世界温度与深度的需求一直都在，只是文学期刊没有找到让好文字抵达更多读者的时代通路。

中国互联网络信息中心第54次《中国互联网络发展状况统计报告》显示，截至2024年6月，即时通信、网络支付、网络音乐和网上外卖等应用的用户规模在我国持续增长，其中网络视频用户规模达106,796万人，网民使用率高达97.1%（见表2-2）。网络新闻、数字影音、网络游戏、线上展览、知识付费等在线文化消费内容逐步拓展，使不同群体和不同层次的文化消费需求得到释放。新的数字技术不断改造旧业态、催生新业态，从电子书到在线课，从流媒体到云游戏，每一次在线的点击都是对传统文化消费模式的革新。

互联网平台的出现，让文化传播的内容以多元的形态尽情展现。从网络影视、视频直播到线上展演、文化场馆云体验，数字科技在文化消费产品的业态创新、体验升级、降本增效方面发挥着积极作用，人们"线上"参与文化消费的规模持续扩大，体验高品质精神文化休闲产品的需求不断增加。与传统的物质消费相比，在线文化消费不断朝着碎片化、虚拟化、社交化的方向发展。碎片化消费意味着人们愿意为满足碎片化时间需求的优质服务体验付费，这对文化内容的创作和分发提出了新的要求。虚拟化消费是人们习惯于为虚拟商品或非物质性服务付费，这给内容创作者和服务提供商带来了新的商业机会。社交化消费强调消费过程中对人的情感、归属等社交需求的满足，这让传统的内容从单向输出变成了有参与感的互动活动。

表2-2　2023年12月—2024年6月中国各类互联网应用用户规模和网民使用率

应用	2023.12 网民规模（万人）	2023.12 网民使用率	2024.6 网民规模（万人）	2024.6 网民使用率	增长率
即时通信	105,963	97.0%	107,787	98.0%	1.7%
网络视频	106,671	97.7%	106,796	97.1%	0.1%
短视频	105,330	96.4%	105,037	95.5%	-0.3%
网络支付	95,386	87.3%	96,885	88.1%	1.6%
网络购物	91,496	83.8%	90,460	82.3%	-1.1%
搜索引擎	82,670	75.7%	82,440	75.0%	-0.3%
网络新闻	77,191	70.7%	76,441	69.5%	-1.0%
网络直播	81,566	74.7%	77,654	70.6%	-4.8%
网络音乐	71,464	65.4%	72,914	66.3%	2.0%
网上外卖	54,454	49.9%	55,304	50.3%	1.6%
网络文学	52,017	47.6%	51,602	46.9%	-0.8%
网约车	52,765	48.3%	50,270	45.7%	-4.7%
在线旅行预订	50,901	46.6%	49,721	45.2%	-2.3%
互联网医疗	41,393	37.9%	36,532	33.2%	-11.7%
网络音频	33,189	30.4%	31,976	29.1%	-3.7%

在线文化消费的兴起是文化内容生产与互联网运营结合的产物。在这个市场上，网络爽文、土味喊麦、直播带货、手机游戏都曾成为让人欲罢不能的"电子榨菜"[①]。而近年来，处在舆论风口的

[①] "电子榨菜"是一个中国网络文化流行语，通常用来指代那些能够迅速吸引人们注意力、让人沉迷其中，但内容空洞、缺乏营养价值的数字媒体内容。

新兴在线文化消费方式是"微短剧"[①]。微短剧具有短小精悍、节奏明快、更新迅速的特点,几分钟一集,一部达上百集,非常适合观众利用通勤、午休等碎片时间通过移动设备随时随地观看。微短剧既不会让人感到时间上的压力,又能让人获得丰富的内容体验。它的剧情持续高能,反转不断、悬念迭起,凭借甜宠、逆袭、重生、穿越等自带爽感的猎奇内容不断刺激着观众的"多巴胺"[②],促使观众在好奇心驱使下主动搜索并开始追剧。观众对微短剧的接受度和喜爱度不断提高,付费意愿也在逐渐增强。

《中国微短剧市场发展研究报告》显示,目前用户付费观看微短剧的方式主要有四种,分别是平台会员、单剧集购买、平台充值和解锁激励广告。有41%的被调查者表示自己会付费观看,其中超过70%的被调查者每月付费50元以上。此外,微短剧通常会紧跟社会热点和流行趋势,一些情感类、职场类题材,往往可以反映人们的情感体验和生活状态,让人将自身经历代入其中,引发集体共鸣。因此,很多网友乐于将微短剧当作"社交货币"分享给身边的

[①] 2022年11月14日,国家广播电视总局办公厅发布《关于进一步加强网络微短剧管理,实施创作提升计划有关工作的通知》,该通知将微短剧内容标定为"单集时长从几十秒到15分钟左右,有着相对明确的主题和主线,故事情节较为连续、完整的网络微短剧"。

[②] 多巴胺是一种重要的神经递质,它的功能非常广泛,包括调节情绪、发起和调节运动、改善认知功能等。多巴胺在人体的奖赏回路中发挥作用,激励个体追求特定的目标或行为,并产生愉悦感。多巴胺的异常分泌与多种疾病相关,如帕金森病、抑郁症、注意力缺陷多动障碍等。

第二章　数智：数字文创的技术图景

朋友，这既能展现自己的审美价值，也是扩大社交话题范围的重要方式。

由于内容制作成本低、周期短、回报快，微短剧成为各路资本和创作者追逐的焦点①。在大规模获取商业利润的同时，井喷式增长的微短剧也出现了不少问题。制作预算低、筹备时间短、剧本套路化，使得微短剧被贴上了"粗制滥造"的标签。微短剧一般采用付费订阅模式，类似于网上连载的小说漫画。这类剧集需付费观看，而且往往价格不菲。加之播放平台相互引流、跳转，"圈钱"形式多样，处处是坑，被消费者频频吐槽"吃相难看"。"老年人沉迷微短剧被诱导高消费"的新闻不时见诸报端，而在遭遇微短剧付费陷阱之后，消费者往往面临着投诉难、退费难的困境。

作为当前最为活跃的在线文化消费形式之一，微短剧以其独特的制作优势和受众适应性，在剧集市场中占据了一席之地，但要真正实现主流化和精品化，还有很长的路要走。在经历了野蛮生长后，微短剧必将告别无序扩张，迎来力度更大的行业监管。随着市场竞争加剧，制作方也需要在题材选择、叙事手法、拍摄手段等方面不断创新，力求为观众带来更加丰富的视觉和情感体验。

在线文化消费的市场竞争，本质上是对用户有限注意力的竞

---

① 据艾媒咨询发布的《2023—2024年中国微短剧市场研究报告》，2023年微短剧市场规模已达到373.9亿元，2027年有望突破1000亿元。

争。1970年，阿尔文·托夫勒（Alvin Toffler）在他的《未来的冲击》（*Future Shock*）一书中，向大众介绍了"信息超载"[1]的概念。行为经济学[2]也将注意力视为一种稀缺资源，美国学者迈克尔·H. 戈德海伯（Michael H. Goldhaber）于1997年在其论文《注意力购买者》中提出了"注意力经济"（Attention Economy）的概念。戈德海伯指出，当今社会是一个信息极度丰富甚至泛滥的社会，而互联网的出现，加快了这一进程，相对于过剩的信息，只有一种资源是稀缺的，那就是人们的注意力。

如今，我们已然将信息超载视为一种文化环境。今天的文化消费者，已经被过于丰富的文化产品分流，成为这个热闹非凡的视听时代的观众、听者、玩家。《人民文学》主动走进董宇辉的直播间，找到了前往这个时代的通途；微短剧凭借短而爽的视觉冲击和情绪快感，反复打开消费者的付费开关。我们庆幸在线时代的文化消费仍有充沛的活力，拥有广泛的受众。传统文化只要愿意以开放的姿态与时代同频共振，就能焕发长久旺盛的生命力。但值得警惕的是，在线文化生产的无限膨胀，也给人们的身心带来一种前所未

---

[1] 信息超载（Information Overload）指的是在现代社会中，由于信息量过大、更新速度过快，个人或组织难以有效地处理、理解和吸收所有信息的现象。
[2] 行为经济学（Behavioral Economics）是在心理学基础上研究经济行为和经济现象的学科。其基本假设是人并不是全知全能的，人类决策的特点是有限理性，以"满意"为原则，情景对决策能产生显著的影响。

有的紧张感与焦虑感。海量的数字内容，让新生代的受众习惯于以"走马观花""浮光掠影""不求甚解"的方式了解、处理、分析信息。网络弱化了我们对信息进行深加工的能力，而这种能力正是支撑我们专注地获取知识、归纳推理、批判思考、想象以及沉思的关键。面对在线文化消费所创造的信息丰盛与数字迷幻，我们更应该时刻保持清醒和进行反思。只有在未来的数字虚拟技术环境中建立起抵挡刺激、理性回应的认知和干预机制，才不至于在不断加速的信息海啸中丧失自身的主体性。

在场：探索虚实融合的超沉浸式审美

在场文化消费是一种对未来数字技术带给人类文化生产和消费无限可能的图景的想象性叙述，是现实世界和虚拟世界高度融合后的超越性消费形态。"场"（Field）的概念来源于"场域"，由法国社会学家皮埃尔·布尔迪厄（Pierre Bourdieu）借助物理学中"磁场"的概念指出，场域中诸多客观理论构成了一个像磁场一样的体系，具有某种特定的引力关系，这种引力被强加到场域的客体和行动者身上，使场域成为一个被结构化的空间。不同的场域具有不同的关系结构和运转规则，从而形成具有相对独立性的社会关系网络（Network）或构型（Configuration）。在本书的叙述中，"在场"（Presence）的概念可以从三个维度去解读。它既涵盖现实和虚拟参与的物质性在场（In-Present），又指向个体当下的意识状态和体验性在场（Being Present），还包括群体动态参与和组织行为的社会性在场（Participation）。在场文化消费是数字技术发展进步影响下的必然结果，是一种彻底打通在地和在线边界的自由超越，是对人类世[①]和赛博格[②]审美感知的思想探索。

这是一个技术前行无法逆转的时代，我们的生活正在被科技重塑。虽然真正意义上的在场文化消费还未到来，但我们或许已经迈过了这个人类数字文明的门槛。数字技术里激动人心的巨大变迁和广泛应用，为我们提供了新视野和新知觉。2004年，一个由全球艺术家、工程师、设计师构成的国际化团队"帝视特"（d'strict）在韩国首尔成立。这个自称"艺术技术工厂"（Art-Tech Factory）的团队，一直致力于在数字设计领域打造令人耳目一新的创意成果。2010年，帝视特利用超大型建筑立面投影技术，为蒂芙尼北京国

[①] "人类世"（Anthropocene）指的是地球历史上的一个新时期，其特点是人类活动对地球系统产生了显著且持久的影响。这个概念最早由荷兰大气化学家保罗·克鲁岑（Paul Crutzen）于2000年提出，他认为地球已经告别了始于1.17万年前的"全新世"，进入了一个新的地质时代，这个时代的特点是快速增长的人口和经济发展对全球环境的巨大影响。"人类世"这一概念的提出，不仅是一个地质学分期的问题，还涉及人类在自然界的地位和人类认识自己的问题。

[②] "赛博格"（Cyborg）是一个由"网络"（Cybernetics）和"有机体"（Organism）两个词合并而成的术语，最初由美国科学家曼弗雷德·克林斯（Manfred Clynes）和内森·S.克林斯（Nathan S Kline）在1960年提出。这个概念描述的是一个结合了生物有机体和机械或电子元件的实体，这种结合超越了传统的生物界限，使得有机体能够更好地适应极端或非自然的环境。

贸旗舰店的开业打造了一场美轮美奂的视听大秀。这是世界上利用建筑MAPPING①、3D变形技术的先锋案例，整个制作过程耗时5个月。2011年，在数字媒体艺术还没有像今天这样为大众所熟知的时候，帝视特就利用全息影像、超大型媒体投影、360度3D互动影像等科技手段，以沉浸式数字媒体艺术作品为表现形式，打造了近万平方米的4D媒体艺术体验馆LIVE PARK，这可以说是帝视特涉猎沉浸式媒体艺术的开始。

2020年，受全球新冠疫情的影响，数字技术以前所未有的速度发展，帝视特不断推出利用数字技术重塑城市公共空间的代表作。帝视特最早在全球范围内得到传播与讨论的作品，是在首尔KPOP SQUARE的大屏幕上推出的《WAVE海浪》。这件作品可以说是户外裸眼3D屏幕艺术的鼻祖，它的出现直接引发了全球裸眼3D风潮，帝视特也一度因为这件作品而被人称为最会"造浪"的公司。2021年，帝视特为纽约时代广场挂上了一道102米高的数字瀑布，将本来冰冷的钢筋水泥转换成了城市中心的奇特景观。次年，屏幕艺术作品《鲸#2》以巨大的蓝鲸形式再次登上纽约时代广场。iF产品设计奖对这件作品的评价是："这个装置重新定义了数字艺术的类别，创造了一种格式，形成了未来公共空间数字叙事体验的蓝图。"

---

① 在视觉艺术和展示领域，3D Mapping技术能够将动画投射到各种物体表面，打破物理空间限制，创造出具有高度真实感和立体感的三维场景，广泛应用于户外建筑投影、舞台表演、广告宣传等场景。

曾经在科幻电影中被预测为数字广告的未来已经成为现实"。

2023年，帝视特宣布其中国首家数字艺术美术馆ARTE[①]在成都东郊记忆·国际时尚产业园开馆。ARTE全沉浸式美术馆沿用了此前韩国首尔"永恒的自然"（ETERNAL NATURE）主题，旨在以不同自然空间和内容为素材致敬地球。通过视觉创意与多种数字媒体技术的综合运用，让人们在身临其境的全沉浸式场景中无负担地欣赏由数字媒体艺术创造的"自然"空间。ARTE全沉浸式美术馆呈现了10余组颠覆想象力的艺术内容，观众可以伫立于7米高的光影瀑布下，体验脱离地心引力的超现实空间流动与色彩；漫步在绵延不息的无垠海滩上，追逐夜空中轻盈绚烂的极光；穿梭于铺天盖地的花海中，静观花的绽放，体会生命的喜悦；转场于虫洞、星辰、森林的广袤深邃中，全身心感受跨次元旅行带来的震撼能量。在ARTE全沉浸式美术馆最受欢迎的《花园》（Garden）单元中，你不仅可以看到光影中的世界名画长廊，还能看到绵延灵动的色彩中国和天府成都。先锋的数字媒体艺术体验，成为这座城市美好生活的一部分。新奇的数字媒介手段强化了人的感受，唤醒了人的感官，虚与实之间消弭的边界更拓宽了一场展览带来的思考空间。

如果说ARTE全沉浸式美术馆在产品形态上只是在场文化消费

[①] 2024年8月，ARTE全沉浸式美术馆采用更加符合在地语境的全新中文名称——"浪美术馆"，意在与本土市场产生深度链接，打造数字艺术与在地文化相结合的新型美术馆。

对于实体空间的虚拟化重塑的前瞻,那么《堡垒之夜》(Fortnite)或许能从另一个维度让我们感知到在场文化消费中更为重要的沉浸式体验和自由化创造。《堡垒之夜》是一款由美国游戏公司Epic Games开发并发行的多人在线射击游戏。游戏最初在2017年发布,迅速成为全球范围内的流行文化现象。虽然目前《堡垒之夜》所支持的体验端口与玩法丰富度相对有限,但开发方依托出色的内容运营能力,打造出了一个多元文化符号破壁共存的新奇世界。据不完全统计,《堡垒之夜》迄今已与上百个IP进行过联动,涉及经典流行影视作品、3A游戏①、体育赛事、动漫作品、流行艺人、时尚品牌等多个领域。2020年4月24日,美国说唱歌手和音乐制作人特拉维斯·斯科特(Travis Scott)在《堡垒之夜》中举办的虚拟演唱会,吸引了超过2770万名玩家前来观看。在这场只有15分钟的演出中,玩家的视角、体验、动效随着音乐的律动呈现出不同的特效。斯科特招牌式的迷幻电音搭配游戏里天马行空的场景所形成的炸裂视觉奇观,给玩家带来了"超沉浸体验",全程高能的视听效果使其成为游戏与音乐跨界的现象级议题。时至今日,它仍可被视

---

① 3A游戏(AAA Game)通常指的是拥有最高制作质量、最大投资规模和最高市场预期的游戏。"AAA"这个术语源自电影行业,用于描述那些拥有高预算、大明星阵容和广泛宣传的大片。3A游戏不仅在技术上领先,在艺术表现和叙事深度上也达到了很高的水平。然而,3A游戏的高成本和高风险也引发了一些争议,包括对游戏行业的可持续发展、创意多样性和工作条件等问题的担忧。

作虚拟演唱会的标杆。

在玩法层面，《堡垒之夜》主要有两种游戏模式：大逃杀（Battle Royale）和创意模式（Creative Mode）。大逃杀游戏的昔日辉煌有目共睹，但在激烈的市场竞争和产品自然老化的双重压力之下，其受众也在不断地被众多后起之秀所分流。真正支撑《堡垒之夜》保持全网关注度与讨论度的其实是它的创意模式。

2018年，开发方推出内置创作工具Fortnite Creative，邀请玩家担任工程师、建筑师、艺术家以及叙事者，利用编辑器设计自己的"岛屿"。早期编辑器简陋的功能并没有影响玩家对创意模式的热烈追捧，甚至许多知名品牌也在积极拥抱这种世界共创的新模式。比如，耐克（Nike）与《堡垒之夜》联手推出Airphoria游戏，让粉丝沉浸于以Air Max为主题的虚拟宇宙之中。2023年3月，《堡垒之夜》Creative2.0模式上线。开发方发布了一款全新的编辑器Unreal Editor for Fortnite（UEFN），编辑器搭载一整套基于虚幻5引擎技术的专业级开发工具，并且通过内置大量可拆分、可编辑素材来降低玩家的创作难度。同时，玩家可以在UEFN中创建材质与3D建模，还可以载入纹理、网格、音频与动画文件等外部模型。这极大地提升了普通用户参与及消费UGC内容的意愿。

随着Creative2.0的发布，《堡垒之夜》开放了新版创作者计划"Island Creator Program"，开发方将《堡垒之夜》所获净收入的40%用于创作者分成。玩家创作的高质量UGC内容将持续留在《堡垒之夜》生态圈中，持续提供给新老玩家体验，成为构建《堡垒之

第二章　数智：数字文创的技术图景

夜》内容护城河的重要部分。在可以想见的不远处，这些在构建游戏世界和共同创造背景下成长起来的新生代，会将游戏中所得技能带入社会生活中，并对现实世界的塑造做出积极贡献。

1964年，马歇尔·麦克卢汉（Marshall McLuhan）凭借《理解媒介：论人的延伸》(*Understanding Media: The Extensions of Man*)一书登上世界舞台，后来这本书成为传播学经典必读书目。所谓新媒介，无非是电报、电话、广播电视和电影等，甚至还有少量关于自动化的描述。遗憾的是麦克卢汉还没有见到互联网就去世了，但他对大众媒介的洞察完美地揭示了未来新媒介的走向。麦克卢汉告诉我们如何理解一切新技术：不是理解新技术本身，而是理解新技术间的相互关系及其与旧技术的关系，尤其理解新技术与我们的关系——与我们的身体、感官和心理平衡的关系。

从物质性在场的角度来看，在场文化消费的发展短期内还存在技术短板，在可穿戴式设备和利用脑机接口、全息投影等技术的终端智能装备出现跨越性迭代之前，全球终端数智企业还需要付出巨大的努力。从体验性在场的角度来看，在场文化消费会是一种人类前所未有的媒介经验，为我们提供超沉浸式、逼真式、开放式的精神体验。从社会性在场的角度来看，在场文化消费将改变未来身份认同、经济系统和社会关系的互动连接，进而创造新的消费行为、新的文化体验，以及新的生活方式。

技术给人类未来生活带来无限可能，或许终有一天，看得见的世界不再真实，而看不见的世界不再梦幻。从在地、在线到在场，文化消费领域正在经历的变革已是前所未有，甚至超过了历史的总和。但对于那个尚未被完全开垦的世界而言，我们可以做的事情还有很多，或许唯一的限制就是想象力。

03

第三章

赋形：数字文创的产品迭代

产品演进：现实与虚拟的双向奔赴

数字藏品：万物皆可NFT

虚拟数字人：是数字，亦是人

未来文旅：欢迎回到真实的远方

第九节　产品演进：现实与虚拟的双向奔赴

在技术与文化相互塑造、持续演进的过程中，新的社会环境和数字技术的发展带来新的艺术形式和文化实践。从整体上看，数字文创的产品演进可以被概括为两条并行不悖的轨迹：一条是从现实走向虚拟的探索之旅，另一条则是从虚拟回归现实的实践之路。从现实到虚拟的维度来看，现实世界不断被虚拟世界数字重构，现实生活中的数字化体验不断增强，从而拓展了人类感知世界的能力；从虚拟到现实的维度来看，虚拟世界通过构建身临其境的虚拟体验，不仅形成了一个平行于现实世界的价值体系，还对现实世界产生了实质性影响，创造出了具有实际经济价值的成果。在虚拟世界中创造的艺术作品、文化产品和社交互动，都在不断地反哺现实世界，推动着社会的进步和发展。

数字文创的产品演进可以划分为三个具体的阶段（见图3-1）。第一个阶段是赛博迁移，是对现实世界的虚拟再现和数字化映射，是对物理空间的再创造和再想象，是数字技术与文化产业结合的初步探索；第二个阶段是虚拟重构，是基于虚拟世界的自我创造，是个性化与创新性的自由表达，是社交互动与经济活动的全新拓展；第三个阶段是虚实融生，是虚拟与现实的无缝链接，是数字身份与现实身份的深度融合，是人类生活方式的全面革新。

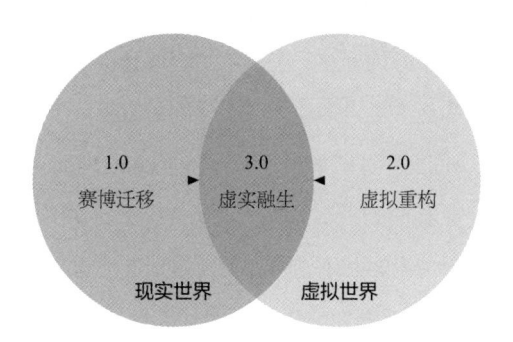

图3-1 数字文创的产品演进

赛博迁移：从现实走向虚拟的探索

1973年，美国社会学家丹尼尔·贝尔（Daniel Bell）在其著作《后工业社会的来临》（*The Coming of Post-Industrial Society*）中提出了"后工业社会"的理论框架，为我们理解数字文创的产品演进提供了深刻的洞见。在贝尔的理论中，人类社会的历史可以分成三段：依赖直接提取自然资源的前工业时代，让位于大规模的机械化生产制造的工业时代，以及基于数据生产的后工业时代。贝尔认为，在从工业时代向后工业时代过渡的过程中，服务业和知识密集型产业将逐渐取代传统的制造业，成为社会和经济的主导力量。

三十多年时光倏忽而逝，时至今日，后工业革命仍未完全结束，但其带来的深刻影响已经令人无法忽视。人类自掌握了数字技术伊始，便对现实世界开始了一场漫长的"赛博迁移"[①]尝试。如果未来的历史学家必须标注一个昭示"赛博迁移"时代拉开帷幕的代表性事件，那么人类对声音的数字化绝对值得留下浓墨重彩的一笔。1860年，法国发明家莱昂·斯科特（Léon Scott）利用声波振记器记录下了音乐的波形[②]，这是人类历史上第一次用机器捕捉到的声音，尽管斯科特当时并不知道如何将这些波形重新转换为声音。直到1877年，托马斯·爱迪生才发明了圆筒留声机，这是第一台能够记录和回放声音的机器。它通过将声波转换为金属针的振动，然后将这些振动刻录在旋转的锡箔或蜡质圆筒上，实现了声音的记录和回放。20世纪50年代，数字声音的早期实验开始出现，科学家使用脉冲编码调制（PCM）技术，将模拟声音信号转换为数字信号。随着集成电路和微处理器技术的发展，数字音频设备开始变

[①] 在发展经济学中，"迁移"（Migration）通常指的是人口或劳动力从一个地区或国家迁移到另一个地区或国家的经济现象。"赛博迁移"（Cyber Migration）是指人们、组织、服务和活动从现实世界向虚拟或数字空间的转移。

[②] 1860年4月9日，斯科特意外地捕捉到了声音的波形。他在一个圆筒喇叭上安装了一根针，当一位女歌手唱歌时，针尖在油灯熏黑的纸板上记录下了音乐的波形。这项发明被称为声波振记器，是留声机的鼻祖，尽管它最初只能记录声音波形而无法播放声音。

第三章 赋形:数字文创的产品迭代

得实用和经济。CD(Compact Disc)的发明和推广,使高质量数字音频成为主流。数字音频编辑软件和音频文件格式(如MP3)的出现,使数字音频编辑和共享变得更加容易。21世纪早期,在线音乐流媒体服务的兴起,彻底改变了人们获取和享受音乐的方式。

从声音开始,人类对世界的体验就变得数字化了。在数字化过程中,声音的捕捉、存储和再现经历了从模拟到数字的转变,每一次技术的革新都极大地扩展了我们感知和创造声音的可能性。今天,当我们通过智能手机、智能音箱等设备随时随地享受音乐、参与音频社交,甚至在虚拟现实中体验沉浸式声音场景时,发生转换的只有非物质的信息代码"比特"[①]。比特的流动如同星河流转,无远弗届。声音、图像、文字,乃至整个感官世界,都被数字化的魔法转换为一系列可以被存储、处理和分享的数据。人类想要以技术手段重现现实世界的冲动,在实现路径上从最开始的完全机械化,逐渐发展到信息化。进入数字时代后,传统的物理媒介逐渐被数字平台和网络服务取代,文化生产和消费的非物质化趋势愈发明显。

赛博迁移是基于数字技术对现实世界的深刻理解和精确再现,是数字技术与文化产业的融合发展和共同演进。文化生产和消费的

---

① 比特(Bit)是计算机专业术语中用来表示信息量的最小单位,由英文"Binary digit"缩写而来。在二进制数系统中,每个0或1就是1比特。"比特"的概念最早由数学家约翰·图基(John Tukey)提出,并在香农的《信息论》中被正式使用。在计算机中,8个比特构成1个字节(Byte),而字节是计算机数据处理的基本单位。

非物质化趋势带来了全新的创作逻辑、商业逻辑和社会逻辑，创作者可以利用数字工具和软件来创作音乐、电影、游戏和艺术作品。这些数字工具不仅提高了生产效率，还拓宽了创作的边界，使个性化和实验性的作品更容易产生。消费者可以在线访问和购买数字文化产品。这种即时获取和消费内容的方式，不仅方便快捷，还让文化产品能够跨越地理界限，触达全球受众。此外，消费者还可以通过社交媒体和在线社区参与文化产品的讨论和分享，形成互动性强的文化消费体验。订阅服务、按需内容和微交易等新的商业模式逐渐成为主流。这些模式不仅为消费者提供了更多选择和灵活性，也为文化生产者提供了新的收入来源和市场机会。

在全球数字文创浪潮肇始之时，人们迫不及待地将每一种新生的数字技术与古老的文化生产消费相连，以创意和科技贯通文化资源端、创意研发端、生产营销端，激活数字文创时代开端的场景想象。遥感技术、地理信息系统、大数据助力文旅资源普查和保护；互联网、5G通信、物联网支持云展览、云娱乐、网络视听、数字动漫、数字出版；区块链提供了透明的版权保护和版权交易，NFT为文化作品的确权、交易和收藏提供了全新的方式；AIGC全面提升了数字文化内容的产能供给；VR、AR、MR等数字交互的普及创造了跨越时空的沉浸式体验场景；LED显示技术、光影技术、音视频技术、智能终端融合打造了"氛围+情绪+内容"的立体化消费场景；轨道交通技术的突破让"高铁生活圈"激活了国内文旅大市场；低空飞行技术的成熟和政策开放或将迎来低空经济发展元年。从剧院到博物馆，从书店到演唱会，从游乐园到音乐节，从手工作坊到大学校园，人类曾经习以为常的每一个文化消费场景都有了数字化的体验方式。

赛博迁移纪元的开启，始于一串简单的二进制代码。从最初的电子计算机到现代的互联网，从粗糙的数字录音到高清的虚拟现实体验，我们可以看到一条清晰的技术演进路线。正如法国哲学家米歇尔·布艾希（Michel Puech）在《科技智人》(*Homo Sapiens telenologicus*)中所指出的，技术的发展总是与人类的需求和梦想紧密相连。在这个过程中，我们不仅仅是在复制现实，更是在建造现实。

虚拟重构：用虚拟影响现实的实践

随着数字经济日益成为现实世界经济的重要组成部分，人们对虚拟世界的依赖在持续增加。尤其在新冠疫情暴发之后，为了应对这场突如其来的公共卫生危机，各国政府、企业、教育机构以及普通民众都被迫加速完成了极端的线上进化，以适应新的生活和工作方式。经历过"全面在线社会实践"洗礼的人类社会，毫无疑问将会进一步加快迈向数字文明的脚步。凡事皆有两个面向。当一些人在孜孜不倦地将现实世界搬进虚拟空间的时候，还有一些人在探索虚拟空间里的原生态事物对现实世界的扩展和虚实之间的互动。

2021年3月，区块链公司Injective Protocol将其持有的街头艺术家班克西（Banksy）的作品《白痴们》（*Morons*，2016）的电子版本，用区块链技术处理生成NFT作品，随即烧毁了原作。这一过程被全程视频直播。当画作的物理版本被烧毁之后，NFT版本的画作变成了唯一"原作"，这件NFT作品最终以购入价四倍的价格售出。这一颇具争议的营销事件，被业内外人士广泛关注。虽然艺术品的物质形态被破坏了，但其数字复制品却因为独特的故事和背景而增值。它不仅挑战了我们对艺术品价值的传统认知，也引发了关于数字资产和艺术收藏的深入思考。

《白痴们》不是班克西第一件被故意摧毁的作品。早在2018年，班克西的标志性作品《带气球的女孩》（*Girl with Balloon*）在苏富比拍卖行以104.2万英镑落槌之时，画中自带的碎纸机启动，在众目睽睽下把作品销毁了大半[1]。不过，拍卖行声称"作品其实更加珍贵了"，它的价值因为班克西的"恶作剧"不降反升，使它堪称一件足以载入艺术史的作品。后来这幅画被重新命名为《爱在垃圾

---

[1] 班克西在Instagram上分享了一件画作被切割成碎纸片的照片，同时配文："加价，继续加价，消失了。"此举被认为是他对艺术受资本控制最有力的嘲弄。一些人认为，班克西的自毁行为是对社会底层民众的无奈与挣扎的深刻反映，也暗示着对社会不公的批判和反思。不过也有声音指出，当代艺术界可能已经形成毁坏和反抗的新教条，班克西的毁坏创作可能正好落入了这种陷阱。

箱里》(Love is in the Bin)，并被再一次带到了苏富比拍卖行，以超过1850万英镑的价格售出，刷新了这位街头艺术家作品的拍卖纪录。

无独有偶的是，2022年10月，英国艺术家达米恩·赫斯特（Damien Hirst）在伦敦纽波特街画廊焚烧了他的1000幅标志性圆点油画。这件事在艺术界引起了轰动，记者们蜂拥而入，对他将一幅又一幅画送入焚化炉的过程进行全程直播。这1000幅画只是赫斯特NFT艺术项目"货币"（The Currency）的一个开场。2016年，赫斯特共为"货币"项目创作了1万幅独特的圆点油画，每幅画价值2000美元（约合人民币1.4万元）。不过买家只能从NFT作品和原始作品中选择一个。如果买家选择了NFT作品，那么对应的实体画就将作为"货币"项目的一部分被烧毁。对于赫斯特而言，"货币"是一个关于信念的实验，每个参与者都要面对虚拟世界和现实世界的界限，以及思考我们自身在二者之中所扮演的角色和所起的作用。最终，有5149位买家选择了实体画，另有4851位买家选择保留NFT作品。匪夷所思的"烧画"活动也将赫斯特的行为艺术推向高潮，在了解到赫斯特的创作意图后，这些画作的价格被迅速推高。数据显示，单件作品的最高交易价格甚至达到17.6万美元（约合人民币126.5万元），是原价格的近百倍。如果说区块链公司Injective Protocol"烧画"是一次赛博迁移，那么赫斯特"烧画"则让我们重新反思自己对真实价值的看法。

用历史学家尤瓦尔·赫拉利（Yuval Harari）的话来说，金钱是有史以来最普遍也最有效的互信系统。这种信任的背后，有着非常复杂的、长期的政治、社会和经济网络——从相信金银、纸币等可触摸到的货币,到相信无形的、可以交易但不可触摸的电子货币,再到将虚拟世界中的原生数字资产[①],如数据和数字内容、虚拟货币、游戏内虚拟商品、数字艺术和收藏品等视为一种被广泛认可的价值储存和交换媒介。在21世纪的今天,人类关于"货币"与"金钱"的认知再次面临巨大的观念挑战。虚拟世界以技术和文化为输入,以经济价值和文化影响为输出,通过融合渗透生成了一种改变现实世界的力量。这种力量并非简单的增减损益,它将改变一切。

对于我们而言,虚拟世界既是一个全新的空间,又是一种全新的现实。在由数据和算法构建的虚拟世界中,一个平行于现实世界的价值体系正在形成。这个价值体系不仅反映了现实世界的社会结构和经济模式,还引入了独特的数字资产、虚拟身份和网络互动等新元素。随着不断扩展和深化,虚拟世界逐渐成为一个独立而又完整的经济和社会生态系统。伴随着从虚拟世界中产生的新场景和新物种被越来越多的人使用、拥有和重视,数字文创产品日益成为人们在数字时代寻求归属感、社交互动和情感表达的重要载体。我们已经看到,虚拟偶像活跃在粉丝经济的舞台,虚拟宠物为需要陪伴

[①] 原生数字资产(Digital Native Asset)是指那些直接在数字环境中产生、存在和流通的资产。这些资产通常是基于数字技术和平台而创建的,它们与传统的实体资产相对应,不需要依赖物理形态即可展现其价值和功能。

的人提供慰藉,沙盒游戏①里的婚礼和毕业典礼同样充满仪式感和纪念意义,线上音乐会更是为观众提供了奇妙的现场体验。我们可以预见,未来将会有更多创新的虚拟原生产品出现。

技术不动声色地创造着时代议题与个体观念,不可捉摸地推动着生活更新与未来展望。未来已来,但我们依然需要重新想象。

虚实融生:从科幻想象到现实跨越

在数字文创的产品演进中,"赛博迁移"和"虚拟重构"将长期共存、相互渗透。数字文创产品的最终形态必将汇入"虚实融生"的洪流之中。

在人类文明的漫长历史中,科幻想象一直是推动现实探索的重要动力。从儒勒·凡尔纳(Jules Verne)的鹦鹉螺号潜水艇到乔治·奥威尔(George Orwell)的全面监控社会,从《星际穿越》中的虫洞旅行到《三体》中的宇宙文明冲突,科幻作品不断地拓展我们对可能性的认知边界。在当前的技术条件下,我们很难准确地预言数字化未来的真实模样,但对于现实世界与虚拟世界相互交融的

---

① 沙盒游戏(Sandbox Games)是一种开放世界的游戏类型,其核心特征是提供给玩家一个广阔的、可以自由探索和修改的游戏环境。在沙盒游戏中,玩家通常不受固定剧情或目标的限制,而是可以根据自己的想象力和创造力来塑造游戏世界和体验。

想象与思考，各种科幻作品中早已有所体现。

如2018年上映的科幻冒险电影《头号玩家》(*Ready Player One*)。这部影片改编自恩斯特·克莱恩（Ernest Cline）的同名小说，以独特的视角和丰富的想象力，探讨了虚拟世界与现实世界的交织，以及技术进步对人类社会的影响。对于观影者而言，这是一场140分钟的畅快娱乐体验。好莱坞的剧情套路叠加炫目的空间特效，外加无数向经典文化符号致敬的镜头，让《头号玩家》一上映就拥有了爆炸性热度。影片故事背景设置在2045年。那是一个反乌托邦的近未来世界，现实社会的生存环境处于混乱和崩溃边缘，人类在詹姆斯·哈利德（James Halliday）创造的虚拟世界"绿洲"（OASIS）中逃避现实世界的衰败。在"绿洲"里，每个人的性别、种族、年龄、缺陷都不再是问题。就算你在现实中是一个挣扎在社会边缘的失败者，在这里，你也可以成为形象独特、光彩照人的超级英雄，所有人的梦想在"绿洲"里都变得触手可及。

电影本身并没有讲述一个深奥的故事，但它有效地、超前地为普通观众带去了关于数字化身体和去实体化生活的可见经历。"绿洲"本质上是一个超越传统三维空间的多维虚拟世界。在这个世界中，时间和空间的概念被重新定义，人们可以瞬间穿梭于不同的历史时期和不同的文化背景与地理环境中。这种对多维时空的探索不仅为观众带来了新奇的体验，也挑战了我们对现实世界的认知。"绿洲"同时展示了一个与现实世界平行的虚拟空间，人们可以在其中拥有第二人生，实现在现实中无法达成的愿望。这种平行世界的

第三章 赋形：数字文创的产品迭代

构建引发了关于个体身份、社会关系和道德责任的讨论，也让我们思考如何在现实与虚拟之间找到平衡。通常来讲，科幻作品的想象并非空中楼阁，它们往往基于现实世界的科技发展和社会趋势。从技术实现的角度来看，虚拟世界"绿洲"逐渐成为现实不会是太过遥远的想象[①]。随着科技的不断进步，许多曾经只存在于科幻小说和电影中的设想，已经或正在成为现实。这些技术的发展不仅改变了我们的生活方式，也引发了更多关于伦理、隐私和人类未来的新讨论。

成熟的数字文创产品既可以使人在虚拟空间中体验到前所未有的事物，也能够将虚拟元素带入现实世界。数字文创产品代表着新的文化表达形式和时尚潮流，赛博迁移可以让消费者在虚拟空间中体验现实世界的精彩，虚拟重构则为消费者提供了全新的社交货币和真实财富，数字技术和物理现实交织在一起，创造出新的体验、商业模式和社会互动方式。随着数字技术发展成熟，现实世界与虚拟空间的界限变得越来越模糊。但正如电影《头号玩家》中的台词所说：我们可以在虚拟空间中发挥创造力和冒险精神，但是别忘了，我们爱的人还在现实世界中。

---

① 导演史蒂文·斯皮尔伯格（Steven Spielberg）曾说："我认为书里所描述的离我们并不遥远，而有可能成为真实的未来。"

第十节　数字藏品：万物皆可 NFT

　　数字藏品是数字文创处在赛博迁移阶段的典型应用。数字藏品的概念源自 NFT，是使用区块链技术，对特定的作品生成的唯一数字凭证。在保护藏品数字版权的基础上，NFT 实现了真实可信的数字化发行、购买、收藏和使用。其特点在于将物理现实转化为数字内容，进而将数字内容转化为数字资产。区块链技术的不可篡改、可追溯等特点和去中心化存储技术，保证了数字资产的唯一性和真实性，提高了数字资产交易效率和安全性，降低了交易成本，增强了数字资产的流动性，重塑了受众对实体藏品的认知。

　　NFT 的概念及其前身可追溯至 1993 年的加密交易卡（Crypto Trading Cards）。计算机科学家哈尔·芬尼（Hal Finney）将加密交易卡以单向函数和数字签名混合随机排列，得到了一串唯一的随机密码。没承想，这个新事物就像集邮一样受到了大批密码爱好者的追捧。在比特币问世两年多以后，哈尔·芬尼不幸罹患渐冻症而去世，但 NFT 却从概念雏形逐渐走进了大众视野。2017 年 6 月，世界

第三章 赋形：数字文创的产品迭代

上第一个真正意义上的NFT作品"加密朋克"①在以太坊上线。这是历史上首次将图像作为个人加密资产带到加密货币领域，也是首件被主流艺术博物馆收藏的NFT作品②。此后NFT通用发行和交易平台OpenSea、艺术品交易平台Nifty Gateway等流通平台陆续成长起来，涌现出图像、声音、影像、游戏等多种形式的NFT作品，NFT的唯一性、真实性的特性和艺术收藏品的特性无缝吻合。及至2021年3月，数码艺术作品《每一天：前5000天》以天价成交的新闻让NFT正式破圈。紧随其后，Twitter联合创始人之一杰克·多西（Jack Dorsey）以290万美元出售了自己的第一条推文。日本艺术家村上隆（Takashi Murakami）推出太阳花与"加密朋克"元素相结合的NFT藏品。当然，跟上潮流的名单不止于此，资本、品牌、机构、名人纷纷入场，NFT交易市场的火热进一步催生了"万物皆可NFT"的理念。

NFT概念在全球走红后，中国市场反应迅速，国内众多博物馆和文化机构纷纷视其为文创开发的新载体。为了符合现行法律法规监管标准，国内的NFT褪去了交易投资属性，演变为数字藏品，并

---

① "加密朋克"（Crypto Punks）最初作为NFT领域的一个实验性项目，代表了一系列24像素×24像素样式呈现的数字收藏品，每个"加密朋克"都是独一无二的，并且拥有自己的所有权和可交易性。作为NFT领域的先驱，"加密朋克"不仅推动了数字艺术和收藏品市场的发展，也塑造了一个强大的社区和文化现象。

② 迈阿密当代艺术博物馆（Institute of Contemporary Arts, Miami）宣布收购NFT艺术作品Crypto Punk5293，成为第一家接纳NFT作品收藏的主流艺术博物馆。

且将其定义为"虚拟数字商品或虚拟权益证明"。国内数字藏品目前不具备"虚拟货币"属性，并且出于防范投机炒作和金融化风险的考量，其二级市场交易被禁止了。彼时数字藏品作为新兴领域尚有诸多法律层面合规性的问题亟待解决，许多购买数字藏品的消费者主要看重其升值潜力。市场上不乏制作粗劣，打着数字藏品旗号"收割"消费者的乱象。此后政策合规监管标准相继出台，有效地打击了市场泡沫和非法炒作，但也在一定程度上导致市场情绪出现了明显疲软。2022年8月16日，腾讯旗下数字藏品平台"幻核"宣布关停，被视为国内数字藏品行业发展变化的信号之一。与之相对应的，则是多个平台数字藏品出现滞销的现象。国内数字藏品的流通市场也从"抄底"转向"下跌"甚至"破发"，与以往的一秒售罄形成鲜明对比，行业整体逐渐回归理性。数字藏品市场的持续规范和"国家队"的不断入局，推动行业发展步入新的阶段，具有官方背景的文交所或将成为我国数字藏品二级市场开放的落脚点，未来数字藏品的开发依旧蕴含着丰富的可能性。

数字藏品通过唯一性、非同质化、数字艺术、行为艺术和加密技术的结合，形塑数字文创产品初期的交易模式和商业形态。国内数字藏品开发目前主要应用于文化资源数据确权、文化数字资源上链、文化数字资源消费以及品牌营销宣传等方面。基于前人对于文化产业价值链构成的研究成果，数字藏品的开发流程可大致划分为数字采集、数字确权、数字生产、消费流通四个环节。

第三章 赋形：数字文创的产品迭代

数字采集：数字藏品的物理基础

作为一种新型数字资产形态，数字藏品的价值溢价取决于其所承载的元内容。在实践中，数字藏品的元内容既有通过软件制作的数字媒体作品，也有将实体作品进行数字化储存形成的作品，而这些作品上链都需要经历数字采集环节。数字采集就是利用计算机技术将图像、图形、声音、颜色、文字等信息转化为二进制数字信号的过程。20世纪90年代，欧美国家率先针对博物馆馆藏资源进行数字化采集和加工，形成具有保护、管理和利用价值的数字资源，促进文化资源为社会和社会发展服务。具有代表性的早期实践包括美国国会图书馆的"美国记忆"计划[1]、联合国教科文组织的"世界记忆"计划[2]等。此后，世界范围内掀起了文化资源数字化采集和保存的热潮。

相较于海外，我国文化资源数字化采集工作起步较晚但发展迅速。在"十三五"时期，我国完成第一次可移动文物普查，登录国有可移动文物1.08亿件（套）。在"十四五"时期，我国将系统整

---

[1] 美国国会图书馆的"美国记忆"计划是一个旨在数字化和提供公众访问美国历史文献、手稿、照片、录音和影像等藏品的项目。该计划自1990年启动以来，经过多年的发展，已经成为一个庞大的数字图书馆，为研究者、教育工作者和公众提供了丰富的历史和文化资源。

[2] 联合国教科文组织的"世界记忆"计划是一项旨在保护世界文献遗产的全球性倡议。该计划于1992年启动，目的是实施《联合国教育、科学及文化组织组织法》中规定的保护世界文化遗产的规划，促进文化遗产的利用，并提高人们对文献遗产重要性的认识。

合全国不可移动文物资源数据库、国有可移动文物普查数据库、革命文物数据库等，加强文物资源大数据应用。在此期间，国家文物局推进"文物调查及数据库管理系统建设"项目试点工作，颁发了一系列标准规范。我国各地博物馆基本完成馆藏珍贵文物的基础信息数据、预防性保护监测数据、文物安全监管数据、数字化保护成果数据采集工作。随着数字技术和信息技术的不断革新，文化资源开发的关注点逐渐从保存和管理的数字化转向更加复杂、更加全面的智慧化体系建设，并且迎来愈发多样的数字资源应用场景。

长期以来，国内文化资源的数字化开发普遍存在"重视数据采集，缺乏活化利用"[①]的现象。公众与文化资源之间的"对话"处于相对较浅的层次，普通公众大多缺乏足够的渠道接触珍贵的文化资源。基于前期文化资源数字采集积累的丰硕成果，数字藏品得以凭借其较低的开发成本，打破文化资源和物理空间的限制，借助社交媒体进一步扩大用户群体，促使文化资源通过数字技术的力量焕发新的生机与活力。

---

① 当前中国博物馆的馆藏藏品利用率整体偏低，绝大多数藏品躺在库房内没有机会展出，博物馆展陈比往往不及1%。2018年，故宫展出藏品的比例只占其总体文物藏品的2%。

第三章 赋形：数字文创的产品迭代

数字确权：数字藏品的开发权利

国内数字藏品开发的主流产品，根据创作过程，可以大致分为两类：一类是对文化资源物理实体进行数字化处理之后产生的复制品（包括图片、三维模型等形式）；另一类是基于文化资源进行二次创作的原创作品。无论以什么样的形式呈现，数字藏品的开发首先必须具备合法获取的知识产权基础，其次需要保障其具有充分的文化艺术价值来吸引文化消费者与艺术品投资者。

2019年，国家文物局发布《博物馆馆藏资源著作权、商标权和品牌授权操作指引（试行）》，明确指出博物馆可以将具有再次创作特征的数字信息资源的著作权对外授权，获得相关收益。自此众多博物馆开始广泛地探索博物馆馆藏资源授权的应用，数字藏品作为一种新型的文创产品呈现方式进入博物馆的选择视野（见图3-2）。国内博物馆开发数字藏品的初衷是从开拓数字文化消费新场景的维度出发，以数字藏品的方式使"文化遗产在新的数字时代活起来，

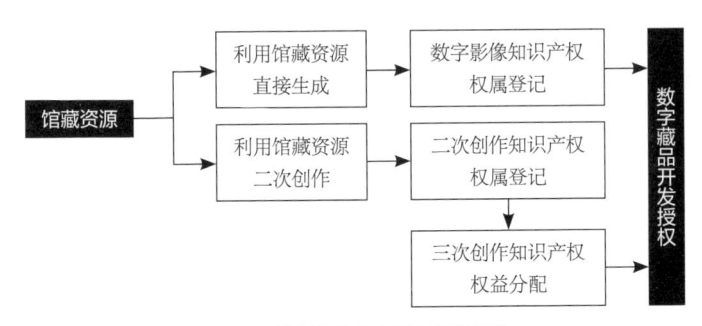

图3-2 博物馆数字藏品开发授权链

在新一代年轻人中火起来"。其背后蕴含的开发逻辑与传统的博物馆文创衍生品无异。

数字藏品开发中最大的挑战来自知识分享的公共性与知识产权保护的专有性之间的博弈。从我国现行法律对于知识产权的规定来看，如果博物馆对于著作权财产权已超法定期限的馆藏资源进行数字藏品开发，由于其是基于唯一文物进行的直接还原、固定表达，那么难以形成《中华人民共和国著作权法》中的新作品，所以博物馆无法取得著作权权益，在实际开发运营中也不具有排他性运营的合法权利价值基础①。对于著作权财产权没有超出法定期限的文物、艺术品等，博物馆即使通过购买、受赠等方式继受取得其物权所有权等，如果没有同时取得相关知识产权的转让，也需要得到其著作权人的许可，才能基于历史文化、内涵对其进行二次创作，进而开展数字藏品开发工作。此外，假如博物馆通过数字技术生产的复制品不具备与原作的实质性差异，那么无论制造过程中付出了多少努力，博物馆著作权主张都不会得到认可。

国内数字藏品从NFT数字资产的金融属性与流转价值中剥离出来，成为NFT技术在数字版权中的业务应用。文化资源主体如果不能从源头上解决数字藏品知识产权权属获取合法合规的问题，

---

① 2022年4月，国家文物局组织召开数字藏品有关情况座谈会，围绕文博机构的公益属性、数据安全、消费者权益保护等问题进行了深入讨论。座谈会强调在文物信息资源开发利用中，文博单位不应直接将文物原始数据作为限量商品发售。

就极易引发著作权侵权风险，也必然会给数字藏品市场流通带来潜在的风险。经实地走访发现，国内博物馆日趋重视馆藏资源的知识产权保护，但由于早期博物馆缺乏保护意识和经费，众多馆藏资源被外界抢注，这给博物馆知识产权利用工作带来了困扰。在现实情境中，由于数字复制技术的门槛低，很多受利益驱动的人拿着博物馆公共资料库或公共资源共享平台的数据信息，未获授权或超越授权范围地铸造数字藏品上链销售，导致数字藏品权属不清、侵权铸造、同质化宣发、多链发行的乱象横生。

数字藏品的权利价值映射背后隐藏着不可回避的社会伦理问题。挑战数字资源弱势群体的社会公平，历史文化资源的社会共有性与公共文化机构馆藏资源的独占性开发，以及扩大数字共享与加强商业化开发利用之间的矛盾，都将引发更多的争议和挑战。如何在数字文创时代，厘清授权链路，在合法合规范围内赋予数字藏品以稀缺性和收藏性，值得长期关注和深入探究。

数字生产：数字藏品的技术流程

NFT技术为数字藏品提供价值的记录与结算，是解决数字藏品铸造、发行与流转全过程的核心技术。数字藏品的构建、交易过程均由链上智能合约自动完成，通过将线下的数据内容（如名称、描述、所有权、媒体文件的哈希值等）进行链上映射形成元数据内容的资产性载体，使现实世界中的商品或权益可以锚定为虚拟世界的数字资产，进而推动数据内容和数字资产的价值流转。NFT特性的实现依赖其协议标准，现阶段以太坊上的ERC721与ERC1155是全球使用范围最广、使用人群最多的主流协议标准。

在现有的技术和场景之下，海外NFT大多搭载公链，发布NFT作品的流程相对简易，NFT作品的创作发行以用户生成内容（UGC）模式为主，用户拥有较高的自主性和创作热情，数字交易平台注重活跃的用户氛围和独特的社区机制。依托公链运营的NFT可以开放地进行多次交易，并且能直接通过加密货币交易，其缺点是伴随着巨大的金融监管风险，且交易能耗巨大，交易价格时常会随着市场行情和供需关系变化发生较大波动。国内的数字藏品开发主要依托联盟链进行运营，绝大多数数字藏品平台暂不支持二级市场流通交易。此外，国内的数字藏品开发尚未完全面向大众进行自由创作和交易，创作发行以专业内容创作（PGC）模式为主，开发利用空间尚待提高（见表3-1）。

表3-1 全球市场与国内市场NFT数字藏品的主要区别

市场类别	区块链区别	交易货币	流通区别	藏品生产
全球市场	以公链为主，如ETH、Wax、Flow等，完全去中心化，安全性较高	可使用加密货币、虚拟资产进行链上交易	二级市场完全放开	创作环境开放，以UGC为主

第三章 赋形：数字文创的产品迭代

续表

市场类别	区块链区别	交易货币	流通区别	藏品生产
中国市场	以联盟链为主，如蚂蚁链、至信链等，去中心化程度相比公链较低	可使用人民币、数字人民币等法币进行链下交易	不支持藏品转卖和二次交易	未开放私人创作，以PGC为主

　　NFT作品完成铸造上链之后，就可以在相应的数字藏品平台上发布了。平台会展示数字藏品的图片、描述、创作者信息等，供用户浏览和购买。一些平台还会提供数字藏品的预览功能，让用户可以在购买前更好地了解作品的细节和特色。由于区块链的存储容量有限，所以直接存储大量的元数据可能会导致区块链的运行效率降低，并且会增加存储成本。在实际应用中，很多数字藏品平台会结合链上存储和链外存储的方式，以充分发挥两种存储方式的优势。例如，将数字藏品的关键信息（如资产标识符、元数据哈希值等）存储在区块链上，而将详细的元数据内容存储在链外的分布式存储系统中，并在区块链上记录元数据的存储位置信息，即URI[①]。

　　从技术安全角度看，NFT技术虽然可以保障数字藏品元数据

---

① URI（Uniform Resource Identifier），即统一资源标识符。它是一个用于标识互联网资源名称的字符串。就像我们在现实生活中用门牌号来标识一个具体的地点一样，URI用来标识互联网上各种资源的地址，如网页、图片、视频等。

的真实性和可追溯性,却无法完全保障数字藏品资产的安全性。在国内市场,不少平台将数字藏品元数据存储在自己的中心化服务器上。这种方式的优点是存储成本低,访问速度快,能够满足大量用户的访问需求。然而,中心化服务器存在单点故障的风险,如果服务器出现故障或是存储元数据的中心化机构出现经营不善等异常状况,其所映射的数字藏品也可能出现数据丢失或访问失败的情况,更有甚者其真实价值也将不复存在。此外,随着全球NFT市场用户数量、交易量和市值的不断攀升,钓鱼者、黑客等不法分子也开始瞄准这个市场,这进一步威胁着数字藏品生态的安全[①]。

消费流通:数字藏品的价值实现

消费流通是数字藏品开发的最终环节。NFT数字藏品的流动性,是支撑其作为一个金融资产价值的核心所在。与传统藏品相比,数字藏品交易门槛显著低、交易安全快捷、参与者广泛。在符合现行政策合规性的要求下,我国现有数字藏品交易平台主流交易模式有三类:收藏模式、转赠模式、转售模式(见图3-3)。

---

① 据媒体报道,2022年4月1日,周杰伦在以太坊区块链中持有的价值约320万元的NFT无聊猿BAYC#3738被盗。消费者持有的NFT数字藏品去中心化,一旦被盗就很难找回。

收藏模式	转赠模式	转售模式
底层技术支持：联盟链	底层技术：联盟链、公链	底层技术支持：联盟链、公链
代表平台：元视觉等	代表平台：蚂蚁鲸探、数藏中国等	代表平台：ibox、唯一艺术等
模式特征：用户只能持有数字藏品，但不可转赠、转售	模式特征：用户间可无偿转赠数字藏品，功能存在持有期时长限制	模式特征：用户可在平台购买后进行交易，转售行为存在炒作风险

图3-3 我国现有数字藏品交易平台交易模式

虚拟资产锚定现实世界，现实世界的稀有度转化为虚拟世界的稀有度，是目前针对NFT作品进行价值衡量的逻辑起点。传统藏品发展至今，已构建出策展、鉴定、价值认知等相对完整的价格发现流程，而数字藏品的价格机制和收藏价值迄今仍然存在争议。在数字藏品热度高涨的阶段，市场行情经历暴涨暴跌，起伏波动巨大。大多数人并不注重数字藏品本身内容的意义和艺术价值，权衡数字藏品价值的标准是"这件作品能否以更高价格转手"。数字藏品流通价值主要依靠消费者或投资者的主观判断，炒作特征明显。

在行业合规性要求下，国内数字藏品交易平台开始打击炒作行为，在用户、时间、价格上提出诸多限制条件。比如，阿里旗下的"蚂蚁鲸探"明确禁止用户私下转售、炒作数字藏品，并且对转赠功能做出了严格限制——仅支持持有180天后无偿转赠给符合条件的支付宝实名好友，受赠方再次转赠则需要两年以后。二级市场交易短时间内无法开启，这直接导致市场流动性不足。长此以往，这些不能交易流转的数字藏品的价值必然下跌，而消费者的购买意愿也会下降。那些纯粹出于投资或投机目的参与数字藏品交易的消费者，则将转赠功能视为二次交易通道，往往以私下交易来规避平台监管，其中不乏炒作、欺诈、盗窃等违法违规问题。这不仅给数字藏品市场的良性发展带来了监管和规范层面的挑战，也给消费者数字资产权益的保护留下了安全隐患。综合来看，数字藏品在国内政策监管环境下合规可控地开创了一种可确权、可追溯的新型文化消费，这在一定程度上造成了短期内数字藏品消费流通低迷。但从长期来看，国家文化数字化发展的顶层战略持续关注数字藏品行业发展，数字藏品的开发在激活传统文化遗产、推进数字文创发展方面仍有重要的价值。

数字藏品为文化资源的开发利用提供了一种新颖而又独特的价值承载方式。与技术方面的前沿性相比，当前数字藏品开发的艺术性还不够成熟。文化资源从"线下"到"线上"，再到"链上"，不单单是文化传播路径和作品呈现形式的转移，更代表着消费者对于文化资源价值认知、观赏心理、消费模式、收藏方式的观念变化。相信伴随着国内数字藏品行业的完善与成熟，文化资源必将迎来更加开放的创作者环境和更加规范的二级市场，进一步丰富数字藏品开发的供给，为公众提供直接参与文化资源生产的对话渠道和应用场景，激活公众使用和消费公共文化资源的权利和热情，释放公众对于多元文化的个性化诉求和创意化思维，促进公众在人类记忆建构、文化知识生产等议题中创造更多价值。

第三章　赋形：数字文创的产品迭代

第十一节　虚拟数字人：是数字，亦是人

虚拟数字人是数字文创处在虚拟重构阶段的典型应用。虚拟数字人指存在于非物理世界中，由计算机技术创造及使用，具有与人类特征接近的数字化形象。

细数起来，"虚拟数字人"的概念最早于20世纪80年代开始萌芽，日本动画产业的蓬勃发展催生了世界首位娱乐领域的虚拟偶像。1982年，在日本动画片《超时空要塞》中，初代银河歌姬林明美在太空中演唱《可曾记得爱》，成为动画史上的名场面。在动画大火之后，制作方以她的虚拟形象发行了音乐专辑。该专辑一经推出便广受好评，并成功打入当时的知名音乐排行榜Oricon。虚拟数字人第一次走出动画世界，走向现实。

进入21世纪，虚拟数字人从探索期迈向快速发展期。三维建模和动作捕捉等技术革新为虚拟数字人产业带来了质的飞跃，虚拟数字人逐渐摆脱传统手绘的限制，第一代3D虚拟数字人开始出现。2007年8月31日，由Crypton Future Media公司开发的电子歌手初

数字未来：文化创意与明日商业

音未来（Hatsune Miku）正式出道。她的声音基于配音演员藤田咲（Fujita Saki）的录音样本制作而成，推出后，她旋即以歌手身份出专辑、开办全息演唱会，成为全球范围内第一个被广泛认可的虚拟偶像，也引发了人们对虚拟数字人的关注热潮。此后，虚拟数字人逐渐从二次元领域的ACG[①]形象向多元化角色转变，为观众带来更加丰富的视听体验。在影视行业，真人演员动作捕捉结合计算机图形技术[②]合成的虚拟数字人被广泛应用，赋予了虚拟人物更加逼真的动作和表情。从《指环王》到《阿凡达》，数字技术营造出来的种种"视觉奇观"，不仅成为好莱坞占领和巩固全球市场份额的制胜法宝，也让虚拟数字人更接近真人。

近年来，虚拟数字人融合了自然语言处理、计算机语言、计算机视觉等技术完备的人工智能底层框架，其制作技术和拟人化水平得到了跨越式升级。虚拟数字人产业一路高歌猛进，呈现爆发式增长态势。在应用端，从内容创作到用户交互，虚拟数字人的语音表达、语义理解和对话能力不断增强，使功能型虚拟数字人在客服、

[①] ACG由动画（Animation）、漫画（Comic）、游戏（Games）的英文首字母组合而成，它是一个源自日本，流行于华语文化圈的术语，用来指代与这三个领域相关的文化现象和产业。ACG文化涵盖了动画、漫画、游戏等多种形式的娱乐内容，它们通常具有鲜明的二次元特征，即以二维图像构成的虚构世界。

[②] 计算机图形技术（Computer Graphics，简称CG），是一种利用计算机系统进行视觉设计和生产的技术。它在电影、电视、游戏、建筑设计、工业设计、虚拟现实等多个领域都有广泛的应用。

第三章 赋形：数字文创的产品迭代

教育、医疗等领域的应用得到广泛推广。以虚拟客服、虚拟主播、数字员工等为代表的虚拟数字人不断扩大商业市场的规模化应用，展现出巨大的潜力和价值，开辟了数字经济的一片蓝海。这些虚拟数字人能够承担信息查询、资讯播报、文旅导览、问题解答等任务，为用户提供更加智能温暖的交互体验。伴随虚拟数字人技术门槛和制作成本的快速下降，更开放的创作者生态、更丰富的UGC内容和商业模式将会出现。未来，由AI驱动的虚拟数字人将提高效率并满足用户情感交流需求，全面提升用户体验，有望成为人机交互的重要入口。

破壁之路：虚拟数字人的技术演化

虚拟数字人本质上是根据自然人的特点创造出来的，存在于数字世界中的虚拟类人角色。所谓"类人"，需要具备以下三方面特征：一是拥有人的外观，具有特定的相貌和性别等基础人物形象特征；二是拥有人的行为，具有用语言、面部表情和肢体动作表达性格的交互能力；三是拥有人的思想，可以识别外界环境，拥有一定程度的人工智能。虚拟数字人的技术发展史，就是从基础的形象制作能力到高阶的交互表达甚至思考能力演化的历史，其核心技术可归纳为建模、驱动、渲染三大流程。

建模作为基础环节，决定虚拟数字人整体形象的原始设定。

数字未来：文化创意与明日商业

早期虚拟数字人大多以手工绘制的2D卡通形式展现，展现方式比较简单，技术相对成熟。3D虚拟数字人信息维度增加，所需的技术手段更加复杂，常规的建模方式有三种：①手工建模，这是最初的建模方式，技术较为成熟且应用广泛，但制作周期较长；②仪器采集建模，主流技术方案包括结构光扫描重建与相机阵列扫描重建，精度可达毫米/微米级，可用于影视传媒行业生成超写实虚拟数字人，但目前成本较高，动态光场建模[1]技术是目前重点发展的方向，这类技术在搭建精细几何模型之外，还可获得动态数据，高品质呈现光影效果；③AI建模，在静态图像采集建模技术的基础上发展而来，用户上传图片或视频即可生成3D虚拟数字人面部模型，目前精度可以达到次世代游戏[2]人物级别，极大地降低了建模成本，使虚拟数字人的大规模生产成为可能，未来应用潜力较大。

驱动是关键环节，根据虚拟数字人所处不同环境为其设置不同

---

[1] 光场是三维世界中光线集合的完备表示，包含光的位置、方向、光谱、时间等七个维度的信息，采集并显示光场就能在视觉上重现现实世界。虚拟数字人动态光场建模就是利用多角度摄像机、多角度光源模拟拍摄真人各种条件下的影像，解析人体表面形貌特性的技术。

[2] 次世代游戏通常指的是采用最新技术和设备，以更高的画面质量、更流畅的动画和更丰富的游戏体验来满足玩家需求的游戏。相较于上一代游戏，次世代游戏拥有更高的分辨率、更强的硬件配置和更优秀的渲染效果等特点。该概念伴随着索尼公司的PlayStation 3和微软公司的Xbox 360的发布而逐渐兴起。这两款游戏机都采用了八核心处理器，使游戏品质与传统PC游戏相比有了显著提升，游戏由此进入高画质高品质时代，"次世代"的说法也开始流行起来。

的交互方式，可以实现虚拟数字人由静态向动态的转变。目前，虚拟数字人的主流动作生成路径包括真人驱动和算法驱动两种。真人驱动是用计算机直接将真人的动作、表情迁移到虚拟数字人身上。当前占据主导地位的动作捕捉技术来自电影工业，即通过红外线摄像机、动作分析系统，将拍摄到的2D影像转换成3D资料。随着深度学习算法的突破，AI技术支持下的虚拟数字人更加神似人。算法驱动的虚拟数字人则通过系统自动读取并解析外界输入信息，根据解析结果决定虚拟数字人后续的输出文本，然后驱动人物模型生成相应的语音、表情与动作等来与用户互动。未来算法驱动的虚拟数字人技术发展重点是在输入端实现多模态感知输入，在输出端提升多模态交互能力，从目前基于文本的交互，转化为基于语义的交互，强化提升虚拟数字人对人类情绪的感知和表达。

　　渲染作为最终环节，是为虚拟数字人或虚拟场景添加几何、视点、纹理、照明和阴影等信息，从而达成从模型到图像的转变，决定虚拟数字人最终作品呈现的质量和风格。渲染技术分为两类——离线渲染技术和实时渲染技术，二者的本质区别是在目前技术发展状况局限下，对时效性和图形质量间的取舍。离线渲染技术不关心完成速度，主要应用于影视动画等方面，对真实度、精细度有较高要求，可使用更多的计算资源。实时渲染技术重点关注交互性与时效性，适用于用户交互频繁的场景，如游戏、虚拟客服、虚拟主播等，此类场景要求快速创建图像。目前3D渲染引擎[①]、图形生产硬件和可用信息的预编译等提高了实时渲染的性能，但其生产效率仍然受限于渲染时长以及计算资源。随着算力与算法的提升，实时渲染技术已具备较强的综合表现实力，未来将逐步普及。

随着技术的不断突破，虚拟数字人的技术演化路径由拟人化走向同人化，最终将走向共生化。根据虚拟数字人的自动化水平，可以将其大致细分为五个层级（见图3-4）。在拟人化阶段（L1、L2），数字虚拟人逐渐从动画世界里的"纸片人"发展成计算机虚拟合成的、高度逼真的数字形象；在同人化阶段（L3、L4），AI推动虚拟数字人智能化水平提升，虚拟数字人的外观、情感、交流能力、理解能力等各方面接近真人，能够听懂、看懂，有记忆，可自主学习，其业务价值、自动化水平大幅提升；在共生化阶段（L5），虚拟数字人将具备更复杂的思想、更拟人的性格，从活灵活现变得真假莫辨。虚拟数字人将不再只是以二次元形象存在于虚拟世界，而是可以以超写实的形象出现在现实世界，与人们共同生活和工作，甚至与人类产生共情。虚拟数字人技术在不断发展中打破了次元壁，让虚拟数字人从二次元走进了现实世界。

[①] 3D渲染引擎是一种软件系统，它能够创建和渲染三维计算机图形。这些引擎使用复杂的算法来模拟光线在现实世界中的传播和反射，从而生成逼真的三维图像和动画。主流的3D渲染引擎有Unreal Engine、Unity、RenderMan、Arnold、V-Ray、Redshift等。

第三章　赋形：数字文创的产品迭代

```
类人化程度 ↑
思想  智能  交互  行为  形象

L1 以人工制作为主的形象和动画
L2 依赖外部动作捕捉设备采集肢体、表情和口型信息
L3 依赖算法驱动肢体、姿态等拟人化特征
L4 基本实现智能化交互，垂直领域逐步替代真人服务
L5 具备更复杂的思想、更拟人的性格，甚至可与人类产生共情

→ 自动化水平
拟人化    同人化    共生化
```

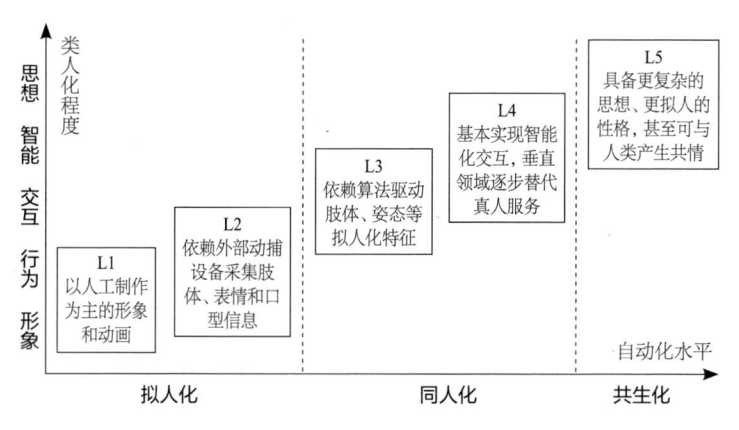

图3-4　虚拟数字人"类人化程度和自动化水平"分阶

　　虚拟数字人既是技术进步的化身，也是社会变革的先声。当前，根据应用与核心功能分类，虚拟数字人可分为IP/内容型数字人和功能型数字人。IP/内容型数字人被赋予独特的个性和人格特征，成为新媒体艺术和泛娱乐互动的新宠，它们在吸引观众、传递文化价值方面展现出巨大潜力；功能型数字人主要定位于替代人工提供服务，可以完成内容生产，提供陪伴、关怀等服务。基于效率提升的需求，功能型数字人对传统劳动力的取代，基本成为行业共识。从理论上说，既然虚拟数字人是以数字形式呈现的"人"，所有能以数字形式呈现的人的活动都可以由虚拟数字人替代完成。

　　技术在落地过程中，总伴随着争议。和数字文创领域的诸多前沿技术一样，虚拟数字人的应用，同样受到法律政策、制度规范、安全伦理和文化习俗等多个方面的制约，存在着诸多潜在的社会问

题和社会风险。综观历史，每次新技术的出现总会引起人们对于被机器取代的恐慌和焦虑，并在一个阶段造成大量失业和就业转型。可以预见的是，虚拟数字人必将给基础服务型劳动力市场带来重大颠覆，继而催生更多创新型、多变型工作需求①。如何平衡创新与责任，确保虚拟数字人技术的发展能够造福人类社会，而不是成为新的社会分裂和不公的源头，需要人类审慎地对待其带来的影响。

IP/内容型数字人：从二次元圈层走向娱乐工业

2021年的除夕，在盛大的春晚舞台上，第一次出现了一位虚拟歌手：洛天依。这是中国第一代虚拟偶像首次进入主流视野。

早在登上春晚舞台之前，洛天依就已经被视为中国虚拟形象技术发展和商业化运营当之无愧的标杆。2012年3月22日，洛天依以灰色双马尾、绿瞳、蓝衣的形象正式出现。出道十余年，洛天依已然拥有庞大的粉丝群体和海量的作品积累②。从本质上来讲，洛天依

---

① 麦肯锡预测，到2030年，前沿创新者的需求可能增长46%，熟练专业人才的需求可能增长28%。虚拟数字人将衍生出捏脸师、虚拟服装设计师、个性设计师、虚拟人情感设计师、调音师、运营官等新职业需求。

② 相关数据显示，洛天依全网核心粉丝数超过1000万，且呈现出明显的年轻化，歌曲累计达到15000余首，全网观看量超过20亿人次。

就是声库加立绘的组合体。官方负责提供声库和初始形象、基本人设，后续作品则主要靠忠实粉丝们"用爱发电"般的创作。从"偶像唱什么我听什么"到"我写什么偶像唱什么"，虚拟偶像与粉丝之间的全新互动模式赋予了粉丝更多话语权，也给粉丝带来了独特的"宜家效应"①。除了音乐人，小说创作者、Cosplay玩家也是洛天依文化的重要塑造者。一千个人眼里会有一千种不同的洛天依。他们用各自不同的理解和方式，将洛天依的形象塑造得越来越丰满。正是这些热爱者的集体创作，为洛天依注入了无数种珍贵的人类感情，也不断建构着虚拟偶像和粉丝之间稳定的连接关系。

《普通Disco》是洛天依第一首真正意义上出圈的歌曲，随着众多热门歌手翻唱，洛天依的知名度不断攀升。几年间，她不仅上遍了各大主流电视媒体的顶级晚会和时尚杂志封面，还被不少知名品牌纳入商业合作版图，将跨界联名、创意广告玩出了新花样。2017年，洛天依首次在上海梅赛德斯-奔驰文化中心举办演唱会。演唱会现场的气氛与真人明星的没有差别，上万名观众随着音乐挥舞着荧光棒，为台上的偶像欢呼呐喊。在舞台正中央，全息投影的洛天依穿着团队精心设计的服装，她演唱的每首歌都会引起现场的大合唱。从理解到喜爱，从好奇到共情。虚拟偶像带给粉丝的养成感，或许是任何真实偶像都无法复制的体验。

---

① "宜家效应"指消费者倾向于高估自己投入劳动、情感而创造的物品价值的现象。

虚拟数字人技术在不断发展的过程中，也为市场输送着更加潮流多元的虚拟偶像形象。近年来，传奇人物复刻、虚拟网红博主、虚拟偶像组合、虚拟模特、虚拟演员等新兴虚拟偶像类型涌现在各大社交媒体平台，经过精细化运营迅速打开知名度。它们从传统的才艺型虚拟偶像领域出发，开拓了美妆、国风、数字艺术、人类观察等多元化赛道，将虚拟偶像行业推到了聚光灯下（见表3-2）。

　　一个现象级的例子是，2021年10月31日，凭借一则融合赛博朋克和国风奇幻的短视频，自称会捉妖的虚拟美妆达人"柳夜熙"在一夜之间吸粉百万，"#挑战柳夜熙仿妆"以超强的话题度掀起爆款潮流。在这则短视频的评论区里，上万人在追问口红色号，让一条本无广告植入的视频展现出超强的带货能力。从造型到人设，"柳夜熙"都与市场上流行的二次元虚拟偶像及时尚虚拟网红大相径庭。高水准的原画设计、高写实的3D建模、高精度的动作捕捉，塑造了柳夜熙的"超仿真"形象。故事性极强的短视频情境十足，将"柳夜熙"的性格、人设，以及世界观充分表现了出来。借用元宇宙概念重现中国神话故事，"柳夜熙"为人们呈现了一个戏剧性的"捉妖宇宙"。她的出现展示了虚拟偶像围绕"建模精细化、人设内容化"构建核心竞争力的可能，外加技术支持下的"交互实时化"，基本上能够让人一窥未来虚拟偶像行业的主流演进方向。

表3-2 2024年中国虚拟数字人百强榜TOP10[①]

排名	虚拟数字人IP	所属企业	主要社媒平台	主要平台粉丝数/万人
1	洛天依	上海禾念	B站	368.9
2	A-SOUL	抖音、乐华娱乐	微博	243.3
3	星瞳	腾讯互娱	B站	70
4	柳夜熙	创壹科技	抖音	840.6
5	伊拾七	一几文化	抖音	1145.4
6	天妹	元圆科技	抖音	353.9
7	yoyo鹿鸣	米哈游	B站	164.9
8	李泽言	苏州叠纸	微博	80.5
9	尤子希	中国移动	微博	18.2
10	苏小妹	蓝色光标	抖音	61

长期来看，虚拟偶像的发展受到技术进步、市场需求、资本投入和政策环境等多方面因素的影响，成功个案很难实现规模化复制。始终保持"营业状态"活跃，是悬在每一个虚拟偶像头顶的"达摩克利斯之剑"。和现实世界的明星一样，虚拟偶像也面临着职业生涯周期挑战。如雨后春笋般涌现的新生代虚拟偶像，必将经历大浪淘沙、适者生存的洗礼。只有最终经受住了内容策划、技术迭代、长线运营、用户生态等的重重考验，跑通商业化路径的少数头部虚拟偶像才能够持续地维持关注度。

---

① 数据来源：2024年《中国虚拟数字人影响力指数报告》。

虚拟偶像以人设和内容连接各行各业，商业模式不断推陈出新，吸引着一众嗅觉灵敏的资本躬身入局。在成功孵化了洛天依、泠鸢Yousa等虚拟偶像后，B站以投资收购与战略合作等方式深入虚拟偶像产业链中上游，推出全息演唱会品牌BML-VR，并与索尼联合打造虚拟偶像团体"Virtual Cinderella Project"。B站通过完善技术生态以及挖掘与扶持腰部以下虚拟主播，加速以虚拟偶像拓宽自身业务边界。

伴随越来越多的互联网巨头从其擅长的领域切入虚拟偶像赛道，一条清晰的虚拟偶像产业链开始浮出水面：上游通过内容创作与技术开发完成虚拟偶像的角色设定，中游的企业或个人围绕虚拟偶像人设进行策划运维和授权合作，下游则是广告代言、演唱会、直播、周边产品销售等遍布于B端与C端的流量变现途径。随着商业价值被不断发掘，越来越多的产业与虚拟偶像联系在一起。尽管当前虚拟偶像依然面临制作费用、运营投入高等挑战和问题，但随着技术成本和门槛的快速下降，未来虚拟数字人的成型起势必将改变文化市场的格局，加速虚实世界的融合进程，甚至产生影响三次元世界的力量。

功能型数字人：从完美偶像到优秀员工

效率提高，是商业永远且必然的趋势。正是在这种观念的影响下，虚拟数字人领域才发展出被誉为"硅基生产力"的功能型数字人分支。与基于有情感、高质量、高密度的内容输出打造出的虚拟偶像相比,功能型数字人侧重于实用性和高效率。从技术实现角度来看,功能型数字人更看重自然语言处理、机器学习和深度学习等AI技术,以满足用户的智能交互体验。这类数字人拥有更接近真人的交互能力,但不一定需要高质量图形渲染的艺术外观和精心设计的人设内容。在当前主流的应用场景中,功能型数字人已经广泛涉足电商导购、媒体传播、公共服务、情感陪伴等细分赛道,在提高效率、降低成本方面展现出巨大的潜力(见表3-3)。

表3-3 现阶段数字人主要应用的行业和领域[①]

行业	行业细分	应用类型		
金融	银行	服务一体机	视频客服	资讯早报
	资管	智能投教	智能开户	基金播报
	保险	培训课件	信保面签	代理人营销助手
电商	电商	直播带货	品牌虚拟人IP	数字人客服
公共/生活服务	文旅	游览导游助手	线下问询	文化短视频
	政务	政务微信助手	服务引导	数字展厅讲解
	教育	智能助教	课件生产	校警大屏
	家居	全屋管家	电视助手	冰箱助手
泛娱乐	影视	虚拟艺人	数字人替身	数字影棚
	传媒	虚拟主持人	手语新闻制作	融媒体直播
	游戏	游戏NPC	游戏客服	游戏场景搭建

---

① 资料来源:腾讯《数字人产业发展趋势报告》。

价值驱动的导购型数字人

在电商场景下，数字人能够全链赋能，推动实现购买、售后、复购的良性循环。在售前、售中、售后等环节，人机自助对话能够借助数字人服务迭代升级，提供标准化的客户服务，加强用户对品牌数字形象的认知，强化用户品牌认知，提升用户的品牌黏性。

在直播带货领域，数字人可以将直播时长拓展到全天候24小时，直播内容统一，质量稳定可复制。虽然目前数字人直播尚无法完全替代真人直播，但它已被广泛应用至企业店播场景。得益于数字人制作门槛和成本的持续下降以及制作周期的持续缩短，AI驱动的试错成本远远低于传统真人主播，创造多元化目标群体的可能性更高，自然也为直播带货提供了更多的可能。许多商家的直播间已经开始采用真人和数字人组合的形式，黄金时段由真人主播出镜带货，休闲时段则由虚拟主播接力，通过延长直播时长来加速直播间权重的提升，同时实现闲时流量的低成本转化。虽然当前的技术水平导致情感交互性较差，但其可以凭借知识库配置与AI能力快速获得技术性知识，产生的流量和带货能力完全不输真人主播，在很大程度上也丰富了电商直播的内容。

技术驱动的媒体型数字人

在媒体场景下，数字人高效助力融媒体内容生产创新转型，实现采编、审查、播报和储存全流程工作的高效集成化。利用智能驱动的TTSA[①]人物模型，媒体编辑只需输入新闻文本，就可直接将其转换为对应的虚拟主播实时播报视频，这种高效的生产方式使视听播报内容常态化生产的门槛大为降低，极大地提升了新闻播报的时效性和自动化水平。

近年来，在政策的支持下，国内主流视听媒体积极拥抱数字人技术，虚拟主持人、虚拟主播、虚拟记者、虚拟小编、虚拟文化推广人等数字媒体人应用蔚然成风，外形各异的媒体型数字人成为传媒业的新生力量。在新闻播报方面，数字人打破备稿、配音、出镜主持等一系列程序，突破灯光、场地等多工种配合，不仅可以做到全时化、全场化在线播报新闻，更可以使用不同语种（包括手语）进行同时乃至跨场景的报道。此外，通过将数字人与客户端稿件系统、知识系统、互动系统、大数据系统进行API对接，可在客户端实现播报新闻、讲解知识、交互问答、客户服务等全智能服务功能，现阶段可以满足不同应用场景下的多元用户需求，未来有望在多元化呈现、实时性交互、提供深层次内容等方面实现突破。

---

① TTSA（Text-to-Speech & Animation）是预先通过人工智能技术训练得到的模型，结合了文本到语音合成和动画生成的能力，用于创建虚拟数字人或虚拟主播。这种技术能够根据输入的文本内容，自动生成相应的语音和动画，使虚拟形象能够进行自然的语音表达和动作表现。

效率驱动的公服型数字人

在公共服务场景下，数字人主要承担标准化程度较高的重复性工作，尤其对业务系统繁多、业务流程复杂的大型企业的服务水平提升和降本增效有重要意义，还能帮助企业打造更具话题感的差异化品牌和数字化资产。对未来劳动力市场的影响，则在于把基层打工人从标准化、重复性的劳动中解脱出来，促使其追求更加非标化、具有创造性的工作。

在公服型数字人的落地产品中，既有旨在解放生产力的虚拟员工，也有侧重于创意推广的形象代言人。虚拟员工目前已广泛应用于政务、金融、教育、家居等领域。其工作时间不受限制，在降低人工咨询成本和改善业务流程及体验方面成效显著。比如浦发银行和百度联手推出的银行虚拟员工小浦，从为客户提供智能化服务到成为员工的得力助手，为企业数字化发展注入了全新活力。形象代言人则多应用于文旅行业，比如敦煌研究院与腾讯互娱携手打造的敦煌莫高窟数字人"伽瑶"。2022年6月正式发布至今，伽瑶基于"云游敦煌"小程序构建的敦煌文化知识图谱[①]，结合博物馆文物实景进行虚实直播，以洞窟壁画讲解、舞蹈演绎等多种形式带领国

---

① 知识图谱（Knowledge Graph）是一种结构化的语义知识库，旨在存储与现实世界实体（如人、地点、物体、概念等）相关的信息，并描述这些实体之间的各种关系。知识图谱通常以图的形式表现，其中节点代表实体，边代表实体间的关联或属性。

内外观众体验和了解敦煌文化，搭建传统文化与公众之间的数字桥梁，改善公共文化资源获得的不平衡现状。

相较于其他以娱乐为主的数字人和传统的机器人客服，公服型数字人具备信息丰富、情绪可控等优势，基于自然语言处理技术和交互水平的迭代升级，智能化程度也在不断提升，可以营造出自然亲和的交互体验。随着应用场景的拓展，数字人将在公共服务行业进一步发挥举足轻重的作用。

情感驱动的陪伴型数字人

在情感陪伴场景下，数字人从简单的交互工具升级为更具深度和情感的交流媒介，可以扮演类似私人助理、私人顾问、虚拟亲友等角色。它们可以模仿人类的语言、声音、面部表情，甚至可以拥有自己的独特性格和情感反应，这让人们感觉更像是在与一个真实的伙伴交流，而不仅仅是在与一个程序或机器互动。

2023年5月，拥有180万名粉丝的网红Caryn Marjorie与初创企业FV（ForeverVoice）合作推出虚拟女友CarynAI。FV希望AI版本的Caryn能和用户建立深刻的情感纽带和真正的浪漫关系。这款专门为粉丝打造的虚拟女友采集了Caryn本人长达2000个小时的视频素材，在OpenAI的GPT-4支持下能够较好地模仿其音色、语调和说话风格。聊天的时候，CarynAI主打暖心人设，她会不断地夸奖使用者，分享自己的生活见闻，甚至提出要和使用者约会，让使用者在心情失落时能得到安慰，有所成时能得到认可。在Beta版本的第一周公测中，有上千名粉丝第一时间付费体验。当陪伴型数字人可以与用户进行实时且自然生动的视频通话时，这将带来比文本或语音交流更加持久的关系。数字人将不再只是一个虚拟的数字形象，而是有望真正地与人类实现情感共振。

我们可以看到一个虚实融生的时代到来，人们不但要与同类打交道，还要学会与数字人相处合作。工具理性[1]泛滥、技术权力[2]滥用、数字身份信任等问题可能成为潜在的风险，人类也必将直面更多数字人与真实人类之间的对话议题。想象一下，未来会有越来越多的数字人成为我们的同事、朋友、家庭成员，甚至恋人。这只是人机交互巨大转变的开始，我们不仅要适应并接受混合型的人机共处，还要以数字化身的方式进入新世界，未来的发展或许比我们所能想象的要更加狂野和美妙。

---

[1] 工具理性（Instrumental Rationality）是社会学和哲学中的一个重要概念，它与价值理性（Value Rationality）一起构成了马克斯·韦伯（Max Weber）对理性行为的分类。工具理性主要关注行为的目的、手段和后果之间的关系，强调效率和实用性，以及通过理性的计算和预测来实现既定目标的最优化。

[2] 技术权力是指在企业网络或其他组织结构中，由于拥有关键技术资源而形成的对其他企业或组织成员的影响力和控制力。它是网络权力的一种表现形式，通常与企业的技术优势、专利控制、行业标准制定能力或市场支配地位等因素相关联。

第三章 赋形：数字文创的产品迭代

第十二节　未来文旅：欢迎回到真实的远方

数字文创步入虚实融生阶段之后，最普及的应用场景应该是在文旅行业。未来文旅的发展指向一个既真实又超现实的新世界，精心构建的虚拟世界或将给现实世界的文旅行业带来前所未有的冲击。数字技术将进一步刺激文化和旅游与相关产业深度融合，推动文旅新业态、新物种、新场景的迭代更新，给人们提供日益丰富多元的选择和沉浸震撼的体验。

随着虚拟旅游产品的发展和成熟，人们不仅可以身临其境地游览世界各地的名胜古迹，还能前往具有丰富幻想元素的、广阔无垠的虚拟世界进行探秘。只要接入虚拟世界的端口，就没有什么能够阻止人们自由穿梭于赛博幻境，无论你是想在艾泽拉斯大陆钓鱼，还是想去艾欧泽亚大陆开拓无人岛；无论你是想穿越回中世纪的巴黎圣母院，还是想前往太空深海领略宇宙风光。在技术的加持下，远方的风景比以往任何一个时候都更加地触手可及，那些无法在现实中获得的旅游体验也愈发地令人神往。然而，这些是我们所期待的未来文旅吗？

纵观：从智慧文旅到智能文旅

未来文旅当前所处的阶段是智慧文旅。

2010年，"智慧旅游"（Intelligent Tourism）作为一个创新概念被提出，标志着我国开始关注利用现代信息技术来推动旅游业的创新发展。在此之前，国内智慧文旅行业已经走过了信息化和移动化两个阶段。互联网旅游信息服务平台可以为游客提供旅游信息查询、在线预约预订和社区交流等基础功能，手机移动端则以更为便捷的方式为游客提供实时信息服务、智慧导览等进阶功能。在明确的政策指引之下[1]，各地开始积极探索和实践，智慧旅游在新一代信息技术支持下转型升级为智慧文旅。

智慧文旅的生态架构涵盖了基础设施层、全域数据层、生态应用层三个相互协作的层面，共同为文旅产业发展提供多样化的环境支撑，推动文旅产业数字化转型。在基础设施层面，新型基础设施，如人工智能、物联网、5G网络、云计算等，为智慧文旅提供

---

[1] 2015年1月，原国家旅游局印发的《关于促进智慧旅游发展的指导意见》指出，智慧旅游是游客市场需求与现代信息技术的结合，是驱动旅游业创新发展的新动力和新趋势。

了技术保障和实现手段。在全域数据层面，大数据实时收集游客、商户、景区、交通等数据要素。地方数字中心汇聚各类历史文化资源数据库，再根据场景和应用需要对采集到的大数据进行标准化、结构化等处理，然后将处理形成的数据与实际场景和应用结合起来，最大限度地发挥数据的作用，为文旅产业的产品和服务开发提供支撑。在生态应用层面，智慧文旅的建设与发展主要体现在以下三个方面。

一是面向消费者的创新文旅体验和消费服务的智慧化。推动文化旅游资源与多样化、个性化市场需求的高效反馈，以贯穿消费者游前、游中、游后各环节的全过程服务，实现精准的线上线下无缝衔接和实时互动的深度文化体验。同时大力发展云演艺、云娱乐、云直播、云展览等数字化体验产品，丰富游客的消费选择，推动传统的旅游观光消费方式向现代文化旅游体验消费方式转变。

二是面向企业的文旅服务和产品的智慧化。包括智慧出行、智慧住宿、智慧导游、智慧景区、智慧游乐、智慧文娱、智慧文博、虚拟旅游、OTA（在线旅游）个性化在线定制、大数据精准营销等全方位的服务。

三是面向政府和行业管理的智慧化。包括景区动态监测、信息监管、大数据统计分析、景区人流引导、安全预警等内容，全面了解行业和游客需求、旅游目的地动态、投诉建议等内容，推动传统旅游管理方式向现代管理方式转变，实现政府的科学决策和管理水平提升。

数字未来：文化创意与明日商业

　　传统文旅产业的发展是建立在文化和旅游资源垄断竞争框架基础上的。由于区域内文化和旅游资源的独特性及垄断性，持续推动传统文旅产业以空间集聚的形态发展，产生了一系列有益于当地经济增长、就业提升、产业链发展的溢出效应。客观来讲，如今作为国民经济战略性支柱产业的文旅产业，在拉动消费和经济方面的重要性愈发凸显，激烈的市场竞争在所难免。伴随国内国际经济环境变化、数字技术迭代、社会消费力和居民消费意愿转变，智慧文旅正在向高度智能化的产业格局发展，有望快速升级为智能文旅。

　　所谓智能文旅，就是文化旅游体验的高度智能化、沉浸化和虚拟化，是实现现实世界与虚拟世界多元融合、无缝链接的全新业态。有别于传统的资源型重资产投入和文化地产开发模式，智能文旅的发展路径是以文化科技融合打造文旅产品新业态、文旅消费新场景、文旅体验新风尚。智能化主要体现在为游客提供强AI的智能环境，高度拟人化的人工智能可以对每个游客进行智能辅助和实时决策，精准推送符合游客个人口味的文化旅游产品，提高游客的现场投入程度，全面提升游客的旅游效率和满意度；沉浸化是通过创造色、声、味、触等多重感官深度融合的全方位环境，增强情感的代入和共情，使游客完全融入临场的文化消费和情景探索中；虚拟化则通过创设虚拟空间，让游客在突破物理时空界限的世界中，进行现实世界无法达到的互动，为游客创造独特而又高质量的数字幻境。

　　智能文旅的竞争，从一开始就立足于虚拟世界与现实世界两个维度。优秀的智能文旅城市，不只是线下热门旅游目的地，也将成为虚拟旅游体验的重要节点。2021年,在"旅游产业复苏及再跃进方案"的构想下,韩国政府开始利用元宇宙构建"韩国旅游宇宙平台",率先推动虚拟旅游与实际访客的"双轨"体系,以吸引全球游客并推动旅游业的发展。其中,仁川被选定为首个智能旅游城市创建地,通过将最尖端的智能技术与旅游服务相结合,为游客提供便利的差异化旅游服务,并以收集的数据为基础促进地区发展,为民营企业提供"游客+地区居民+企业"的良性循环价值。"增强现实仁川"(AR Incheon)通过智能手机提供单向互动内容,除了常规的导航服务和AR地图,还可以让游客根据历史人物的指引,穿越回景点的某一历史时刻;"仁川行动"(Operation Incheon)则向游客提出游戏任务,通过有奖参与的方式增强线下旅游的吸引力;对于无法实地到访的游客,沙盒游戏"我的世界之仁川版"(Incheoncraft)在虚拟世界中提供了不被限制的旅游参观体验。当前的数字体验虽然还不能取代现实世界的旅行,但能够使游客对目的地产生期待与向往。而游客到访之后所享受到的智能服务与趣味交互将重新定义实地旅游的体验。从现有的实践来看,仁川的探索将为未来智能旅游城市的创建提供很好的参考样本。

平行:从赛博幻境到人间山海

  文旅产业是一个动态变化的产业,在不断适应最新的技术创新和文化时尚中发展。当前产业的深刻变革或业已显现，或正在成形。虽然不能确切知道未来文旅会解锁怎样的新玩法，但文旅产业致力于为消费者创造高价值和差异化体验的本质效用将长期存在。放眼未来，现实世界将与虚拟世界平行并存，而文旅产业则需要同时争夺这两个世界的市场。以此为基本思考框架，我们就可以勾勒出两条主轴线，来帮助我们理解并描述未来文旅的可能面貌。

轴线一：科技替代现实

如果技术的发展可以让你用亲民的价格完美模拟线下体验，你会选择用虚拟旅游替换真实旅游吗？答案可能是会的。

2023年5月，"消失的法老——胡夫金字塔沉浸式探索体验展"在上海正式开幕。这趟45分钟的沉浸VR体验之旅，基本可以代表当年消费市场上的高水准虚拟文旅体验。它由法国VR/AR内容品牌Excurio与美国哈佛大学吉萨项目（Giza Project）团队耗时三年时间完成，是全球首个对埃及胡夫金字塔内部和周围环境进行扫描勘测，并在虚拟引擎上以1∶1高精度建模还原的文旅体验产品。在游览中，观众通过穿戴HTC VIVE Focus 3 VR头显和HTC VIVE大空间软件套装（LBSS）进行交流和互动，沉浸式探索（Immersive Expedition）的技术体验让人如在现实世界中那样边走边逛。跟随展览设计的剧情，观众可以近距离了解现实空间中金字塔的内部构造和历史脉络，登顶俯瞰吉萨高原全景，探索金字塔中从未向公众开放的隐秘墓室。观众甚至能够在尼罗河上乘坐太阳船航行，跨越4500年的时间长河抵达第四王朝时期[①]的埃及，见证古埃及祭祀仪式。在这一过程中，古埃及的木乃伊制作、祭祀风俗以及特色建筑等，都将被呈现给观众。

项目揭开神秘面纱后短短数月，观展人次就突破10万，项目在社交媒体上引发持续关注。"消失的法老"在上海的火爆，无疑印证了游客对于虚拟文旅产品体验的需求和热情。按照运营方博新元宇宙创始人唐祎程的说法，就是"主管部门看到了文旅元宇宙的落地可能，商业地产看到了新业态的赋能效应，娱乐公司认为这可能是颠覆媒体娱乐消费形态的一个新技术，而技术公司看到了产品因为新的商业模式而产生的新的市场需求"。

一年前，在2022Google I/O全球开发者大会上，谷歌推出了一种全新的沉浸式视图（Immersive View）模式，可以让人足不出户在手机上身临其境地游览世界各地。谷歌地图最初推出的目的是帮助人们到达目的地。得益于计算机视觉和机器学习技术的进步，谷歌地图能够将数十亿张街景和航拍图像融合在一起，创建出一个丰富的数字世界模型，为用户提供无人机级别的城市鸟瞰景象。在沉浸式视图下，你不仅能看到和现实世界一模一样的街景画面，甚至

[①] 第四王朝是古埃及历史上一个非常重要的阶段，时间大约从公元前2613年至公元前2494年，通常被认为是古埃及的"荣誉时代"。在这一时期，古埃及文明达到了空前的高度，特别是在金字塔的建造和中央集权方面取得了显著成就，对后世产生了深远的影响。

连建筑内部都能无缝进入，就像在现实世界中玩一个可以精确缩放的视频游戏。谷歌地图不再仅仅是从一个地方到另一个地方的应用程序，它甚至正在成为一个不同寻常的旅行目的地本身，为人们提供意想不到的惊喜体验。

2024年，有人利用ChatGPT和虚幻引擎5[①]对谷歌地图进行了整合，创造出了更加惊艳的虚拟旅行体验。当用户输入想要去的地点名称后，ChatGPT就会搜索与地点相关的信息，并通过谷歌地图API获取地点的3D模型，然后利用UE5的精美渲染，为用户提供极具真实感和细节颗粒度的虚拟旅行体验。可以想象，在空间计算和XR设备持续升级的支持下，极具交互性与现实感的虚拟旅行产品将百花齐放。徜徉于虚拟环境中，用户不仅可以得到动态交互的真实感，还可以拥有超越现实世界的奇幻体验。

未来，限制虚拟旅游的不会是技术工具，而是想象力和创意表达。

轴线二：传统场景再造

面对未来文旅活动有可能迁移到虚拟世界的挑战，现实世界的

[①] 虚幻引擎5（Unreal Engine 5，简称UE5）是一款由Epic Games开发的实时3D创作工具，旨在为游戏开发者、电影制作人、建筑师以及其他创意专业人士提供强大的技术支持。UE5带来了前所未有的自由度、保真度和灵活性，帮助创作者构建新一代的实时3D内容和体验。

第三章 赋形：数字文创的产品迭代

文旅体验也将迎来巨大变革。当游客从虚拟世界获得的体验感越来越高的时候，作为应对之策，现实世界的文旅产业必须进行极致化的场景再造。此时的线下旅行或将像奢侈品一样成为身份的象征，或者产品本身成为游客自我表达的载体。

甜水镇（Sweet Water）是HBO热门科幻剧集《西部世界》中的虚构地名。这座被设定为未来世界中美国西部的小镇，其实是一座高科技游乐园。乐园中接待游客的都是仿真机器人，游客可以在乐园中体验到高度真实的西部风情。2018年3月，HBO耗时4个月在西南偏南大会①建造了一个现实版"西部世界主题乐园"。进入乐园之后，游客可以根据自己的节奏任意探索这个世界。根据所选行进路线，游客将在不同的场景和时间点上看到不同的故事，也有可能在不同的场景中与其他游客多次相遇。乐园中的一切都尽可能地还原剧集中的场景，所有的体验由60名专业演员的表演推动。为了在现实世界里为游客提供充满选择的沉浸式体验，设计团队为园区内共11个场景撰写了90分钟长达450页的剧本。这里没有高科技的数字设备，也没有华丽的灯光特效，却可以让游客不自觉地进入另一个世界。虽然游客在这里经历的事物各有不同，但毫无疑问都获得了自然真实的满足感，关于项目的讨论在社交媒体上迅速发酵。

---

① 西南偏南大会（South by Southwest，简称SXSW）是一个集科技、音乐、电影、交互式多媒体于一体的年度盛会。它起源于20世纪80年代，最初以音乐节的形式出现，随后逐渐扩展到其他领域，成为全球创意专业人士的"圣地"。

虽然这个乐园只是 HBO 为了宣传《西部世界》第二季的一次品牌营销活动，但它带给人们的启示已经超越主题乐园的范畴，甚至给传统文旅实体的开发提供了有益的参考样本。文旅场景再造的本质是在实体场景中呈现富有"临场感"的真实世界，让人们可以不借助虚拟世界也可以体验到可触可感、清醒真实的梦境。

回溯过往，人类旅游的历史是一部从精英旅游向大众旅游发展的历史。在古代，旅游主要是一种出于宗教朝圣、商贸往来、科学探险等目的的、不具备普遍社会意义的活动。直到 18 世纪，旅游作为一种体现身份的个人行为才被英国上流社会广泛接受。工业革命的发展和交通工具的进步，推动旅游逐渐向大众化和休闲化转变。随着中产队伍不断壮大，他们对旅游的需求也不断增强，旅游业迅速成为国民经济的重要组成部分。

旅游业是一种空间现象，传统景区以某个自然人文地域环境中形成的特殊点状资源为核心吸引物，如山岳湖泊和遗址遗迹等。由于旅游资源禀赋、经济发展水平和区位因素的差异，大众文旅消费通常会流向众所周知的热门目的地。面对巨大的市场竞争压力，人们不得不花式创造爆款旅游概念，以期博得消费者的青睐。以 2023 年的国内文旅市场为例，"进淄赶烤、村超、村 BA、尔滨"重塑了文旅爆款和流量密码；"电竞入亚、上海万圣节狂欢"承载着亚文化破圈和观念革新；"IP 热、国潮风、文博游"体现出公众需求和时尚志趣；"夜经济、City Walk、微度假、特种兵式旅游"彰显出

第三章 赋形:数字文创的产品迭代

感官审美和情绪价值之转变。出圈出彩的文旅热词见证了大众旅游从追求风景到感受体验的转向,也印证了文旅目的地从资源禀赋驱动到供给创新驱动的中长期趋势。基于技术应用、品质升级、人文共情等因素的共融共通,城市形象、旅游资源、文化内涵在传统文旅场景再造中被重新发现和诠释。

上路和旅行,是许多杰作共同的母题。在路上,时空得到极大的扩张,有众多偶然和意想不到。当你面对全然陌生的远方景象时,内向的思省会变得更为深沉。正如英伦才子阿兰·德波顿(Alain de Botton)在书中所说,"如果生活的要义在于追求幸福,那么,除却旅行,很少有别的行为能呈现这一追求过程中的热情和矛盾,不论多么的不明晰,旅行都能表达出紧张工作和辛苦谋生之外的另一种生活意义"。不论现实的旅行,还是虚拟的旅行,都是寻找自己内心自由的过程。当前的趋势将长期存在,并成为未来的关键部分。重要的从来都不是目的地本身,而是旅行过程中的内在发现和自我提升。

第四章

万象：数字文创的商业探索

沉浸：消费是体验，而非理解
焕活：以传统赋能当下，以当下呼应传统
化身：始于千人千面，终于真实可感
共情：一代人有一代人的精神疗愈
共益：能解决多少社会问题，就能收获多大增长

第十三节　沉浸：消费是体验，而非理解

作为一种古老而又独特的心理和情感体验，沉浸伴随着人类历史的整个发展历程。它以代入式情景、多感官包围、互动型叙事、社交需求实现和自我发现等方式创造出一个又一个魔法场景，让参与者能瞬时脱离现实环境，浸入到电影、游戏或梦境般的情境中，从而产生持续的临场愉悦感。由于被隔离于现实世界外，人们更加容易专注于现场。在体验机制和节奏得当的情况下，参与者便会产生强烈的感应，从而激发持续的愉悦感。

跨越万年的人类沉浸史

人类最早的沉浸体验起源于巫术。对于茹毛饮血的远古人类而言，周围的世界是神秘且不可理解的，他们用想象构建了一个超越自身生存环境的万物有灵的世界。原始人用矿物质、炭灰、动物血

第四章 万象：数字文创的商业探索

和土壤，掺和动物油脂，将早期野生生命定格在岩壁上。在黑暗的洞穴深处绘制动物形象，显然不是为了艺术欣赏。这些绘制于上万年以前的壁画，或被狩猎者当作图腾用于原始宗教崇拜，或被用于记述狩猎收获，承载祈福纳吉的寄托。洞穴壁画图像中展现出的荒蛮力量，渗透着人类对未知和超自然力量的恐惧和敬畏。在这一时期，原始人围坐在洞穴篝火旁听长者讲故事，于头顶壁画中获得生活喻示的场景，成为人类最早的感官沉浸体验。那些具有奇妙想象力、强烈情感和鲜明形象的画面，作为人类与世界之间关联的精神遗产延续下来，成为人类按照自己的设想来创造沉浸体验的早期物证。

随着第四纪冰期结束，绘画逐渐由洞穴转移到露天岩壁上，摩崖石刻和岩壁浮雕兴起。绘画的风格也从旧石器时代的写实逼真，发展为新石器时代的简单抽象，人类的活动开始成为故事主角。或纪实或想象，这些记录再现狩猎和舞蹈场面的神奇幻象，后来被人们称为"艺术"。在此后的历史长河中，我们在全球范围内发现了各种光彩夺目的文明传承遗迹。即使在今天，身处现场的时候，依然能够从那些残存的碎片中感受到神秘而又永恒的精神冲击。

随着语言发展和社会进步，人类对艺术、宗教与建筑的态度也逐渐建立起来。沉浸作为与至高无上的精神对话的方式，被引入公共空间，以诠释何为人力所能创造的神迹。从英格兰的斯通亨治巨石结构（Stonehenge），到罗马梵蒂冈的西斯廷教堂（Sistine Chapel），人类有意识地利用各种手段来创造令人崇敬和惊叹的宗教空间，这种富有戏剧性张力的沉浸式体验营造技艺在文艺复兴之后日趋成熟。无论美轮美奂的彩色玻璃，还是盛大恢宏的教堂天顶画，或是洪亮的管风琴与唱诗班吟诵，甚至是弥散在空气中的香熏味道，都是为了给信徒带来超凡脱俗的沉浸幻象。正如法国史学家伊波利特·阿道尔夫·丹纳（Hippolyte Adolphe Taine）在他的《艺术哲学》(*Philosophie de l' Art*)中所描写的那样："从彩色玻璃中投入的光线变成血红的颜色，变成紫英石与黄玉的华彩，成为一团珠光宝气的神秘的火焰，奇异的照明好像开向天国的窗户。"即使最无畏的无神论者，站在穹顶下目睹这令人目眩的图景时，也会不由自主地产生震撼心灵的敬畏之情。

时间来到1987年的春天，日本建筑大师安藤忠雄以其标志性的清水混凝土结构设计了一座光之教堂（Church of the Light）。这座风格与欧洲中世纪教堂的浓墨重彩迥然不同的建筑，以极简主义（Minimalism）设计语言和对自然光影的抽象运用，成为世界建筑史上不可磨灭的经典作品。在纯净朴素的内部空间里，安藤忠雄利用光与实体结构之间的交集创造了"光之十字"。瞬息变化的光影巧妙地将光与神性合二为一，赋予了空间与众不同的神秘体验，激发了人们对于精神世界与现实世界的思考，让人于虚实明暗中获得静寂与平和之下的光影沉浸。建成以来，光之教堂一直吸引着从世界各地慕名而来的游客。遗憾的是，由于游客蜂拥而至，教堂运营资金入不敷出，导致教堂长期处于难以提供正常参观服务的境况。2024年，光之教堂开始无限期暂停建筑的常规接待活动。惋惜之余，我们也希望还有机会再睹光之教堂的真容。

第四章 万象：数字文创的商业探索

从巫术到艺术，从宗教到建筑，人类关于沉浸的探索在历经上万年的旅程之后，终于不可避免地与现代商业融合了。一种全新的基于精神和美学的商业模式，进军的是以想象力为要素的市场。1955年，华特·迪士尼（Walt Disney）在从事卡通及动画创作33年后，决定在美国加利福尼亚建一座可沉浸的童话世界。作为全球首个现代主题乐园，加利福尼亚迪士尼乐园从经过市场检验的故事脚本出发，根据故事情节和体验需要营造构筑物、布置氛围环境、创作音乐作品、研发骑乘装置，将荧幕中的卡通故事还原为真实可信、逻辑自洽、细节丰富的可供体验的现实场景，造就"一种融合运动、光线、色彩、结构、声音、音乐、味觉、嗅觉、故事性、冒险性、兴奋感、怀旧主义、未来主义、事实、幻想和游客参与性于一体的全方位、多媒体体验"。在这场属于公众审美与幻想力的盛宴中，游客得以迅速地脱离日常生活的种种不完美，置身于异质时空中，获得一种不同于日常生活的沉浸式体验，收获难以言喻的新奇与愉悦。

100年前，华特·迪士尼勾勒出了公司的商业蓝图：从动画创作、播放，到衍生品销售，最后到主题乐园体验。这一完美商业闭环的最终落地，靠的是迪士尼的幻想工程部门（Imagineering）精心打造的全方位且极度逼真的沉浸式梦境。比如，园区里通过安装"气味散发器"（Smellitizer），在不同的场景区域释放相对应的气味，来最大限度地增强游客对于迪士尼乐园和相似场景的游玩记忆；再比如，迪士尼乐园的演职人员总是以热情的姿态和活泼的面孔示人。为了守护游客心中的神奇感，迪士尼要求所有演职人员以极强的信念感使游客获得绝佳体验，这也为喜爱童话的人们创造出了无可替代的情感价值。所有的一切，都是为了让游客沉浸，让每个身处其中的人相信这一切的真实。在华特·迪士尼去世之后，美国哥伦比亚广播公司曾评价说："在治愈和抚慰饱受困扰的人类灵魂方面，他的贡献可能比世界上所有的精神科医生还要大。"

百年之后，已经在全球开拓了12个乐园的迪士尼，坐拥全球覆盖最广的实体主题乐园生意。它仍旧在拓展打破现实和想象的王国，让这个地球上最快乐的地方持续生长。正如华特·迪士尼在加利福尼亚迪士尼乐园开园致辞时所说的那样："只要幻想存在于这个世界，迪士尼乐园就永远不会完工。"

技术主义下的新消费场景

到了21世纪初，沉浸式体验不再局限于主题游乐园区，开始延伸到文旅景区、电子游戏、戏剧演艺、影视综艺、购物中心等热门消费场域，产生丰富多元的娱乐体验形式。

沉浸式娱乐体验的商业化开始于英国Punchdrunk[①]剧团推出的

[①] 在英文中，Punchdrunk常用来形容拳击手经历一场苦战之后的状态，剧团创始人想让观众在剧院也可以获得这种感官爆炸的"超负荷"体验。这种体验可以突破时间和空间的限制，在演出结束后的更长时间维度里继续给观众带去共鸣，并建立感官和记忆的联结。

现象级沉浸式戏剧[1]《不眠之夜》(Sleep No More)。这部戏剧改编自莎士比亚经典著作《麦克白》，充分融合希区柯克电影美学，以及环境戏剧、现代舞蹈等多种艺术元素，甚至借鉴了开放世界类游戏的设计理念。该剧继2003年伦敦版和2009年波士顿版后于2011年3月登陆纽约，在由废弃仓库改造而成的麦基特里克酒店（McKittrick Hotel）上演，赢得八方游客的口碑相传。该剧于2016年登陆上海，在原作基础上巧妙融入中国元素，并尝试进行更多维度的产品设计与跨界开发，向着打造以演艺为核心的城市地标持续推进。这场介于真实性与戏剧性之间、重塑观演关系的戏剧，首轮开票便场场爆满[2]。随着《不眠之夜》纽约版在公演5000场之后官宣谢幕闭演，上海也成为英国Punchdrunk剧团全球唯一在演的沉浸式作品驻演城市。

"戴着面具看演出"是《不眠之夜》最为人所知的标志。在演出现场，每个场景内的工作人员都佩戴黑色面具，观众则须全程佩戴白色面具，只有演员不需要戴面具。黑色面具强调了身份职能的标识，同时最大限度地减少了出戏的干扰。白色面具则赋予观众安全感，让观众放下作为社会人的拘束，激发其进行沉浸式探索的主

---

[1] 沉浸式戏剧（Immersive Theatre）又被译为浸没式戏剧、浸入式戏剧，其理论源头可追溯至起源于20世纪60年代的特殊场地演出（Site Specific Performance）和理查德·谢克纳于1968年提出的环境戏剧（Environmental Theatre）。

[2] 自2016年底亚洲首演至2023年12月，《不眠之夜》上海版驻演达1800场，项目总收入超4.7亿元，接待全球观众超55万人，持续打破全国驻演项目的票房纪录。

体性，使观众可以自如地完成身份转换，扩展了观众的视觉与心理体验。

有别于传统戏剧注重叙事和剧情的完整性，《不眠之夜》的最大突破在于碎片化的梦境式叙事和自由度极高的多重观演路径。剧中的主要人物都有自己完整的故事线，3小时里循环3次，有数十条观剧路径选择。观众可以在空间中近百个房间里随意地穿梭，身临其境地探索每一个角落。在第一个小时里，观众可能会像无头苍蝇一样跑来跑去。之后他们逐渐体会到自己是空间环境的有机组成部分，如同演员一般参与其中，那些被打散并重新编织的故事会自己慢慢流淌出来。在灯光忽明忽灭、音乐或疾或徐、气味若隐若现的演出现场，演员和观众几乎面对面，不存在传统舞台剧的距离感。虽然整部剧都没有对白，但演员凭借高超的舞蹈张力将情感能量完美地传递给每一位观众。在这个精心设计的包裹式观演空间里，观众身体与空间场景高度融合，获得浑然忘我的沉浸式体验，吸引观众不厌其烦地反复走进剧场，于无数个细节中探索每一段故事里的人生。

在引进《不眠之夜》之前，国内沉浸式娱乐体验主要集中在文旅实景演艺领域。秉持"斯山为大幕，斯水做舞台，斯地真历史，借我入戏来"的共同追求，打造出一个又一个极具代表性和里程碑效应的产品。《印象刘三姐》（2004）开创了印象系列"山水实景演出"先河，将刘三姐的山歌、民族风情、漓江渔火、山水胜地等元素创新组合，在方圆两公里的漓江水域上，呈现使观众身临其境的

第四章 万象：数字文创的商业探索

视听传奇；《长恨歌》（2006）以镜花水月之姿呈现盛唐传奇的东方舞台魅力，借助真山真水真历史让观众领略唐明皇与杨贵妃的旷世绝恋；《又见平遥》（2013）在传统室内剧场引入"走演"的互动式情景体验，观众跟随剧情和演员在繁复而又奇特的剧场中共同完成一段年代穿越之旅。多样化的文旅空间为沉浸式娱乐体验在国内的生长和发展提供了契机，释放出不可小觑的经济能量。

由于《不眠之夜》上海版大获成功，所以2016年也被视为中国沉浸式娱乐爆发元年。此后，沉浸式娱乐体验开始跨界融合各种类型的业态，叙事深度、互动深度、五感融合深度都在不断提升，特别是在沉浸式文旅商业综合体、主题商业街区、剧本杀、密室逃脱等细分领域迎来爆发式增长，展现出丰沛的市场活力。其中，于2019年12月开放的实验性高端百货旗舰北京SKP-S，更是颠覆了人们对传统实体商业零售空间的认知。

从SKP-S入口的艺术实验空间"未来农场"（The Future Farm）开始，顾客就走进了一个主题为"数字-模拟未来"（Digital-Analog Future）的超现实购物场景。真假难辨的仿生羊让你瞬间置身于《仿生人会梦见电子羊吗？》[①]的剧本之中，这里是人类移居火星生

[①] 《仿生人会梦见电子羊吗？》（Do Androids Dream of Electric Sheep?）是美国作家菲利普·K.迪克（Philip K Dick）在1968年发表的一部科幻小说。这部小说探讨了人类、仿生人（人造的类似人类的存在）以及他们之间关系的复杂性，也提出了关于意识、道德和存在本质的深刻问题。

活后的初舞台，未来幻想和现实世界的边界被消弭。随着楼层升高，顾客穿过惊艳的视觉艺术装置，徜徉在一步一景的超时空氛围之中，经由一阶阶楼梯步行登上T-10文化艺术空间，在视觉艺术家创作的装置艺术中继续探索穿越时空的数字化未来。在这样一间充满想象力和创见性的零售卖场里，国际顶级奢侈品牌纷纷配合SKP-S的火星主题进行店铺陈设的独家定制，各家店铺的店招统一成极具科技感的黑金风灯牌，不同品牌的店铺连接成延续不断的分镜头场景，共同为顾客营造浩瀚宇宙的未来感。在这里，逛商场变成了一场对于艺术体验的沉浸式探索。

SKP-S并不是第一个将艺术和商业结合的商场。北京的侨福芳草地、上海的K11购物中心等都以此闻名。SKP-S的特别之处在于从年轻一代的生活态度出发，将艺术、科技与商业进行无缝连接，打造出一个商家和品牌共创的潮流测试场。常换常新的品牌概念店和主题艺术展，在保持新鲜的同时增加了限时的魅力，为顾客提供了前所未有的购物体验，形成与顾客紧密结合的"文化标签"。对于SKP-S的目标群体而言，奢侈品不是吸引他们去购物中心的唯一理由，只有差异化的精神资源与生活方式才可以满足国人旺盛的高端消费需求。

随着电子商务迅速崛起，传统百货和购物中心被持续唱衰，生存空间被不断挤压。如何用更好的线下体验来聚拢人心，开拓一个有别于线上即时消费的沉浸式零售空间，是行业内一直在思考的问题。从文旅景区、戏剧演艺，到零售空间、购物中心，所有与实体空间相关的行业都在以沉浸化的方式重构，我们所见证的过往也不过是沉浸式商业的冰山一角。在未知的数字技术发展迭代之前，沉浸对于线下体验的改造每时每刻都在超越想象，重塑规则。

沉浸式体验的终局想象

咨诸历史，沉浸帮助不同时代的人类激活关于身体和感官经验的思考。深度沉浸带给人以非常长的记忆缓存，被广泛应用于社会生活的各个领域。人类沉浸式体验的流变映射着不同时代的价值取向，并被技术发展带来的机遇所形塑。发展至今的沉浸式体验业态，致力于以传统工业化的方式量产个性化体验。虚拟世界的进步创造了人与沉浸的新型关系，借助数字技术，人类与宇宙交互感通的深层次沉浸可能性被打开。当虚拟与现实的边界消失，我们需要更新理解和设计沉浸式体验在未来数字文创商业实践中的建构框架（见图4-1）。

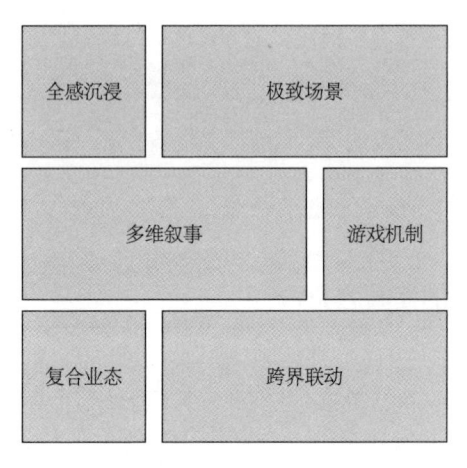

```
┌─────────────────┬─────────────────┐
│    全感沉浸     │    极致场景     │
├─────────────────┴───────┬─────────┤
│       多维叙事          │ 游戏机制│
├─────────────────┬───────┴─────────┤
│    复合业态     │    跨界联动     │
└─────────────────┴─────────────────┘
```

图4-1　沉浸式数字文创商业模型

以全感沉浸突破虚实界限

　　数字技术的发展使得沉浸感的呈现日趋真实和丰富。当前的沉浸式体验大多依托物理空间氛围的营造，哪怕是纯粹的数字模拟体验，也需要通过外设装备来实现。由于人佩戴设备的不自然感受，用户时刻被提醒着这是一次模拟现实的体验，而无法完全达到彻底的忘我状态。下一代的沉浸式体验将采用多源信息融合的交互式三维动态视景和实体行为的系统仿真，作用于用户的视觉、听觉、触觉、嗅觉、动觉等多种感觉通道，让用户可以在任意时间、任意地点产生身临其境的沉浸式体验。在人类的感官体验不断被机器赋予新的感知世界的能力的过程中，所有的线下项目都值得按照沉浸化

第四章 万象：数字文创的商业探索

的方式重做一遍。全感沉浸的终极形态有可能会是通过脑机接口直接跳过人类的所有感官实现神经互联。技术的发展总是不留余地地迅猛向前，在技术突进的过程中，我们或许会经历各种各样的丧失与遗弃。但在我们可以冷静看待并灵活应对之后，我们的世界将变得非常不一样。

以极致场景构建精神符号

和任何一种文化消费一样，人类的沉浸式体验也会随着时间推移出现边际效用递减①的现象。当人们反复经历相同或类似的沉浸式体验时，他们必然会对这种体验产生生理和心理层面的适应甚至倦怠，从而减少每次体验的新鲜感和兴奋感。在消费行为学②的视野中，用户对于产品或服务有着最低可接受的期望，沉浸式体验的感知阈值（Perceptual Threshold）也在随之不断提升。随着用户对某种沉浸式体验的熟悉度增加，他们总会试图寻求更多新颖和创新的内容。短期内，线下实景沉浸式体验仍然是消费需求高速增长的

---

① 边际效用递减（Diminishing Marginal Utility）是一个经济学概念，指的是随着消费者消费某商品的数量增加，其从每增加一单位商品中获得的额外满足（边际效用）逐渐减少的现象。
② 消费行为学（Consumer Behavior）是研究消费者在获取、使用、消费和处置产品和服务过程中的心理活动特征和行为规律的科学。消费行为学的研究领域主要包括：消费者的特征辨析（WHO）、消费者的心理行为（WHAT）、如何解释消费者的行为（WHY）、如何影响消费者（HOW）等方面。

领域，各类传统实体空间将通过科技与艺术的融合完成改造升级。然而，新技术转化应用永远赶不上用户的喜新厌旧，巨大的空间改造资金投入结果往往不尽如人意。对于用户而言，他们不需要工业化产品和无差异的体验，他们更需要非凡的现场感和朋友圈的存在感。无论纯天然的山川湖海，还是高科技的宇宙洪荒，唯有将人的本能感知推向极致震撼，直至将其凝练为心灵共鸣的精神符号，方能于千军万马中突出重围。

以多维叙事激活情感能量

所有的故事都是叙事，但并不是所有的叙事都是故事。故事的发展不断受到技术创新、文化变迁和社会价值观的影响。随着新媒介的出现以及其与旧媒介的融合，曾经被证明是行之有效的叙事方式因为过度使用而失去了原有的吸引力。沉浸式体验经由故事的多维叙事，创造出一个用户可融入的完整世界。所谓多维叙事，是指通过从不同层面和角度建构故事来增加其新鲜度和复杂度。首先，你得构建一套视觉丰沛、逻辑自洽的整体世界观，无论用户以怎样零碎的方式切入，都能够将个人体验纳入系统性的故事框架里去理解和消化。其次，你需要打破角色刻板印象和缺乏惊喜的剧情演绎，要以充满戏剧性和转折性的手法推动情节发展，通过悬念、不确定性和风险来维持观众的兴趣，激发观众的个人情感和群体情感，使其产生高涨的情感能量和卓越的参与体验。最后，你还要允许用户通过选择和行动影响故事的进程和结局,让其在其中找到可以实现自我情感闭合的相应位置和角色,为其提供更具包容性的思考和解读空间。

以游戏机制调动交互参与

站在用户的角度看,传统体验包含意识、兴趣、评估、试用、采用和忠诚等多个阶段。随着沉浸式体验交互技术的演化,用户从被动接收信息的在场者转化为积极探索信息的参与者。人人交互的浅层次是眼神交流,深层次是角色扮演。用户主动参与的体验也从起初的看故事到部分参与叙事,逐渐发展到让用户作为主角主导叙事。为了更好地提高用户参与度、增加用户黏性并改善用户体验,越来越多的沉浸式体验从游戏设计技术中取经。具体的做法包括为用户设定清晰、具体、可实现的目标,设计简单且公平的游戏规则,为用户提供有关进度和成就的即时反馈,设置必要的激励机制和挑战元素,综合考虑不同用户的需求和偏好来保持游戏的灵活性和可扩展性等。当用户变成玩家,高度的社会临场感[①]被激活,沉浸式体验的边界也被彻底突破了。正如未来学家简·麦戈尼格尔

---

① 社会临场感(Social Presence)是传播学、技术与社会研究领域的重要概念。它最初由肖特(John R. Short)、威廉姆斯(Ederyn Williams)和克里斯蒂(Bruce Christie)于1976年提出,用来描述在利用媒体进行沟通的过程中,一个人被视为"真实的人"的程度以及其与他人联系的感知程度。

(Jane McGonigal)所持的观点:"现实凝固在眼前,而游戏让我们共同想象和创造未来。"

以复合业态提高运营坪效[①]

当我们提及传统沉浸式娱乐产品的经营痛点时,坪效是一个亟待突破的天花板,亦是沉浸式体验得以永续发展的关键所在。实体商业坪效的分母是经营面积,分子是总销售额。对比两家实体商业的坪效,当经营面积相同时,销售额越大,坪效就越高;当销售额相同时,经营面积越小,则坪效越大。对于当前的沉浸式数字文创商业而言,普遍需要较大的面积才能够打造出具备沉浸效应的包裹氛围。为了提高运营坪效,经营者不得不打破单一门票收入的消费壁垒,通过优化空间动线、扩充纳客能力、增加二次消费、提高产品复购等措施来突破坪效的桎梏。

以跨界联动探寻未知连接

沉浸式数字文创商业的内核是将内容输出为情绪。内容经由技

---

① 坪效,又称为每平方米销售额或每平方米效益,是零售业中的一个重要经营指标。它用一段时间内的总销售额除以营业面积(通常以平方米为单位)计算得出,从而反映每平方米营业面积所产生的经济效益。

术集成与场景演绎带给人们非常长的记忆缓存和情绪价值，最终沉淀为具有长期生命力和商业价值的文化IP。受到市场认可的文化IP可以满足用户对产品价值的需求从而形成吸引物，通过聚拢相同爱好和价值观的原点人群形成自带身份认同的小众社群，并以层层破圈的口碑效应获得巨大的社会关注。围绕文化IP发展全版权授权开发体系，拓展与目标人群相关的上下产业链，打造具有人格化的文化消费品，实现从跨界到无界的产品认同。此外，话题性与品质感兼备的文化IP在商业实践中也可以给其他品牌带来"沉浸+"的赋能价值，帮助产品与潜在受众建立有效连接，提升品牌差异性和竞争力。无论定制植入的创新玩法，还是去营销化的跨界联动，都在不断激活沉浸式数字文创商业创新的无限可能。

第十四节　焕活：以传统赋能当下，以当下呼应传统

技术赋能文化表达，文化充盈技术内涵。伴随着审美主张变化、数字技术革新以及消费文化潮流的兴起，文化遗产数字化的功能边界不断延伸，引领文化遗产焕活的时代风向。作为一种兼顾文化传承、社会共创和商业成长的生活观念与消费趋势，焕活式数字文创商业是以文化遗产的永久性保存和活态化传承为使命，以时代科技商业创新为载体，用新的艺术形式和文化实践满足大众精神文化需求的数字商业形态。数字技术拉近文化遗产与日常生活的距离，助力文化遗产的公共触达性与社会影响力得到有效提升。文化遗产则为数字商业注入新的内涵，既是消费需求的提出者，也是消费需求的满足方。古为今用，以古为新，焕活式数字文创正在勾勒数字商业历久弥新的未来样貌。

第四章　万象：数字文创的商业探索

让甲骨文以数字化形式回归殷墟

  1899年，金石学家王懿荣偶然在中药"龙骨"[①]上发现了甲骨文[②]。甲骨文的发现撬动了殷墟上覆盖了3000多年的泥土，引发了自1928年开始的殷墟科学发掘，古老的殷商王朝埋藏在历史深处的隐秘世界逐步显现在世人面前。经过几代学者薪尽火传的努力，甲骨文引起了国内外学术界的极大关注与深入探索，成为寻绎中国思想之渊薮、中国精神之缘起、中国古代信仰之源头、中国艺术美学之发轫的最真实素材。随着甲骨文中蕴含的部分历史文化奥秘被逐渐揭开，甲骨学也成为一门举世瞩目的国际性显学。2017年10月30日，联合国教科文组织公布甲骨文入选"世界记忆名录"[③]。甲骨文被发现之后，引发了民间对甲骨的私掘热潮，各地古董商人、藏家学者纷至沓来，大量收买。一个多世纪以来，殷墟先后出土甲骨文物约16万片，流散收藏于世界各地近200家机构中，以物理形式回归

[①] 龙骨一般是指远古动物的骨骼化石，中医认为其可以入药，有治疗咳逆、泻痢、便血的作用。

[②] 研究表明，甲骨文是目前已知中国最早的成系统文字，多为殷商王室的占卜记录，载有丰富的社会生活信息。它和古埃及的纸草文字、古巴比伦的泥版文字以及古印度文字并称为世界四大古文字，又与汉晋木简、敦煌文书、内阁大库书籍档案合称中国近代学术四大发现。

[③] "世界记忆名录"是联合国教科文组织于1997年创建的一个旗舰项目，旨在保护和保存世界范围内的珍贵文献和档案遗产，防止集体记忆丧失，促进对这些遗产的保护、利用和平等交流。

数字未来：文化创意与明日商业

殷墟几无可能①。在海外流散文物追索工作复杂且艰难②的背景下，让海外文物以数字化形式回归成为现行条件下较好的选择。虽说是无奈之举，但也为文化遗产焕活的数字创新带来了新的可能。

所谓数字创新，即在创新过程中采用信息（Information）、计算（Computing）、沟通（Communication）和连接（Connectivity）技术组合的发展机制。与传统创新发展体系相比，数字创新以数据作为创新发展的关键生产要素。数字创新不仅会推动原有发展体系内的生产要素进行优化重组，还会围绕数据这一新的生产要素，带来新的产品、生产过程改进，组织模式变革以及商业模式的改变，不断拓宽创新主体的边界，产生新的价值创造方式，持续变革价值创造过程。

甲骨文数字焕活工作的基础，始于保护整理和研究破译。甲骨学研究的不断推进，产生了大量的甲骨学知识数据，如著录方面的拓片、照片、摹本、文献，以及近年来出现的三维甲骨数据。这些多维度、多模态的数据是甲骨学研究的根本之所在。2019年10月，安阳师范学院甲骨文信息处理教育部重点实验室与中国社会科学院甲骨文殷商史研究中心，联合推出了面向全球免费开放的甲骨文大

---

① 中国文物学会统计数据显示，自鸦片战争之后，超过1000万件中国文物流失到欧美、东南亚，以及日本等国家及地区，国家一、二级文物达100余万件。

② 目前国际上有关追索失窃或走私文物的公约主要有：联合国教科文组织1970年《关于禁止和防止非法进出口文化财产和非法转让其所有权的方法的公约》，国际统一私法协会1995年《关于被盗或者非法出口文物的公约》，等等。这些公约在文物返还领域发挥着积极的作用，但也存在诸如适用时间有限等问题。

数据平台"殷契文渊"[①]。通过研发多维度的信息标注，平台实现了字形与字形，字形与相关工具书、著录、文献等多功能关联，提升了甲骨文识别与考释、甲骨论著内容提取的效率，解决了由甲骨文输入困难与信息标注烦琐导致的甲骨文著录、文献资源大规模共享与推广等方面的难题。在"殷契文渊"甲骨文数据标注和处理的基础上，腾讯SSV数字文化实验室加入其中，组成"让甲骨文以数字化形式回归殷墟"共创团队。在多方协同机制的运作下，共创团队采用微痕成像技术、高精度激光扫描等手段进行实物三维建模，融合人工智能技术和定制化算法，构建甲骨文知识图谱，不断丰富完善"甲骨文全信息数据模型"，为实现甲骨文的传承普及和发展活化奠定了基础（见图4-2）。

传统意义上不食人间烟火的皓首穷经式学术研究，只会让文化遗产与现实生活日益疏离。为了不让文化遗产变成冷门绝学，我们更应探讨文化遗产在当下社会存在与融入的务实性问题。2023年4月20日，"了不起的甲骨文"微信小程序上线。这款以"甲骨文破译与传承活化"为主题的数字科普产品，通过故事性引入、游戏化互动、社交化分享等方式吸引公众了解甲骨文及汉字的演变。当越来越多的人能够以方便快捷的方式接触到这些冷门知识后，甲骨文

[①] 甲骨文大数据平台"殷契文渊"包括"三库一平台"，即著录库、字形库和文献库，以及甲骨文知识服务平台，截至2024年12月，已有甲骨著录154种，甲骨图像239902种，甲骨论著34418种，并且还在不断更新与扩充中。

就不再只是枯燥难懂的高冷天书，它可以摇身一变成为中华文脉的重要数字资产，成为可以赋能千行百业的生产资料。不同领域的人都可以在这里找到所需要的文物数据，考古专家用于研究分析，学生用于学习应用，设计师用于素材加工。从课堂教学到户外研学，从文博展示到文旅融合，从国潮文创到数字共创，从文脉赓续到文明互鉴，文化遗产数字焕活真正的价值和意义开始显现。

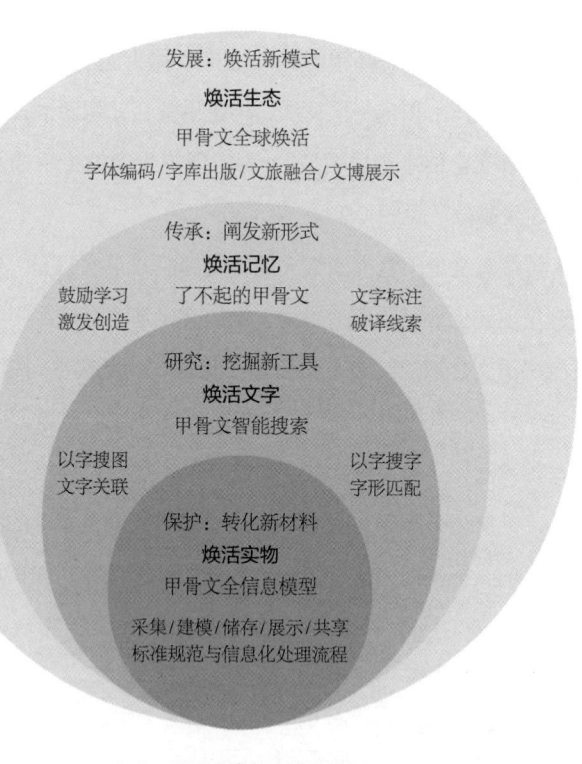

发展：焕活新模式
焕活生态
甲骨文全球焕活
字体编码/字库出版/文旅融合/文博展示

传承：阐发新形式
焕活记忆
鼓励学习　了不起的甲骨文　文字标注
激发创造　　　　　　　　　破译线索

研究：挖掘新工具
焕活文字
甲骨文智能搜索
以字搜图　　　　　　　　　以字搜字
文字关联　　　　　　　　　字形匹配

保护：转化新材料
焕活实物
甲骨文全信息模型
采集/建模/储存/展示/共享
标准规范与信息化处理流程

4-2　甲骨文全信息数据模型

第四章 万象：数字文创的商业探索

文化是民族的根与魂，是国家综合实力和国际竞争力的深层支撑。步入21世纪以来，全社会对于文化遗产资源开发形成了创造性转化、创新性发展的基本共识。文化遗产资源的原始数据就像自然形态的矿藏，通过结合数字技术手段的资源重构、整合和创新，得以有机融入公众生活。新兴的数字技术为文化遗产资源多样化开发利用提供了新的可能，也为各种类型的焕活式数字文创商业错位发展、百花齐放提供了难得的机遇。数字化的文化遗产资源不能满足于内部封闭式使用，而要以开发利用为最终目标。只有将文化遗产资源的文化内涵转化为易于公众感知和利用的形态，用于满足包括社会公众对于公益、教育、体验、传播等在内的多元应用需求，才能吸引社会公众参与，助其承担起应有的社会责任和传播使命。

焕活式数字文创既是一种大趋势，也是一种方法论。纵观当前国内文化遗产焕活领域的实践，的确在文创衍生品开发、无形资产授权经营等方面取得了不错的成效，但相对于人类历史上海量的文化遗产资源而言，并没有形成理想的规模效应，业务开展具有偶发性和随机性，开发利用能级尚待提高。文化遗产资源从保护研究到传承发展的线性生态链条，亟待升级为数字创新生态系统[1]。数字创新生态系统的基本要素是数字创新物种，物种联结形成了各种数字

---

[1] 数字创新生态系统（Digital Innovation Ecosystems）是在生物学类比思想基础上产生的概念，借用生态学的概念、方法和视角来研究创新范式转变，把创新看作某种生命体，研究创新生态系统内部各种创新物种、创新群落、创新环境的动态联系和相互作用。

创新群落，物种和群落在数字创新环境中共生竞合，并形成数字创新生态系统整体的动态演化。"让甲骨文以数字化形式回归殷墟"共创团队的实践，已经为我们勾勒出数字创新物种汇聚生长的可感面貌。无论数字烟火里的百业新生，还是硅基空间里的汹涌国潮，焕活式数字文创的商业想象还有很多值得我们期待。

非物质文化遗产的商业化回潮

西域长廊的辽阔沙海，雪域高原的天音悠扬，青色海洋的星河牧歌，多彩苗乡的千山万水，民乐和交响的碰撞，高音民族唱腔和电子音色的完美融合，天地之间跨次元的华丽表达……虚拟歌姬洛天依从横贯全场的巨大山河画卷中一跃而出，成为B站2023"最美的夜"跨年晚会最震撼的记忆之一。众所周知，非遗民族音乐是传统音乐的宝贵财富，但除非亲眼看见这色彩斑斓的音乐图景，你很难想象民族风之美竟可以如此光彩夺目。

2023年，洛天依团队发起"天依游学记"企划，在半年的时间里跋涉9763千米，深入内蒙古、西藏、新疆、云南等少数民族聚集地进行采风创作，探访非遗、了解非遗、传承非遗，通过探寻不同民族多种乐器起源，将非遗的唱腔和器乐演奏无缝融入曲目中，创作出这首得到广泛认可与赞誉的《歌行四方》，呈现出现阶段非遗民族音乐在重塑表达方面的顶级融合形态。《歌行四方》的成功并非个例，近年来，国潮风尚崛起，东方美学复兴，非遗热度居高不下。数字技术加持下的非遗焕活成为文化研究和商业实践的时代关切。

源远流长的非遗绵延传承，指向的是一份在地的风貌取景与乡音留存，一个族群的集体记忆与精神原乡，乃至一个国家的文脉底蕴和文明延续。在农业社会，人类发展出丰富的传统技术和传统艺术及相关行业，并形成一套完整且独特的社会文化体系。随着传统农业社会向现代工业社会的转型，传统文化赖以存续的社会基础、传承机制、集体认知、市场需求等均发生了根本性变迁，植根于传统文化的非遗走向式微或濒危的境地。我们看到，很多非遗传承人虽有高超的技艺水准，却缺乏市场经济所要求的商业化经营管理能力，难以适应新的技术挑战和媒介转型所带来的一系列变化，导致无法以自己传承的非遗为生。2004年中国加入联合国教科文组织《保护非物质文化遗产公约》[1]之后，中国非遗保护工作成了以政府为主导、社会广泛参与的国家行为，政府从政策主张、公共财政

---

[1] 2003年10月17日，《保护非物质文化遗产公约》（以下简称《非遗公约》）在联合国教科文组织第32届大会上通过；2006年4月20日，《非遗公约》正式生效；截至2023年2月17日，已有181个国家加入《非遗公约》。

和法律法规[①]等层面对非遗采取了有意识的干预和介入，以确保其代与代之间的有效存续。政府主导的非遗保护作为一项文化治理实务，取得了丰硕的成果。实践表明，除去政府导向的系统性保护，来自市场经济的活态性传承和民间社区的生产性保护也是非遗数字焕活应有的题中之义。

活态性传承：从看见、喜爱到购买

非遗是以传承为纽带的"活的艺术"，它扎根于乡野，植根于生活，以人的智慧和技艺为基础，以日常生活劳作为主要场景，以实用功能为核心特征，以人为生存载体。在新事物不断涌现的今天，非遗要被更多人看见，才有被喜爱的可能。传统模式的非遗传播以线下言传身教和展演展销为主，但单向度的宣传难以碰撞出燎原之火。新媒体的飞速发展让视频成为门槛更低但信息量更大的表达文本，新的内容生产和消费机制孕育其中，个体崛起的价值被极大化释放。

[①] 2005年，国务院印发《关于加强文化遗产保护的通知》，国务院办公厅印发《关于加强我国非物质文化遗产保护工作的意见》；2021年，中共中央办公厅、国务院办公厅印发了《关于进一步加强非物质文化遗产保护工作的意见》。这些文件在不同历史阶段明确了中国非遗保护的目标任务和工作路径。2011年，《非遗法》颁布实施，全国各省市陆续出台了非遗保护条例和地方性法规，代表性项目和代表性传承人认定和管理办法、文化生态保护区管理办法等一系列行政法规不断健全。

第四章 万象：数字文创的商业探索

让旧内容加载新形式，以新消费带动老手艺。揆诸现实，已成为全民文化消费与信息接收重要介质的短视频和直播，极大地简化了数字内容的制作流程，缩短了其制作周期，呈现出适应性广、承载量大以及传播力强的特点，解锁了非遗活态化传承的新方式。通过即拍即传、随时分享的短视频，"远在深山无人问"的非遗在线上得到了最大限度的呈现和传播，五湖四海的兴趣型消费者通过短视频内容与非遗建立起紧密持久的连接[①]，身怀绝技的非遗传承人在平台上积累了几十万甚至上百万的粉丝。短视频和直播的可视化呈现、场景化表达与感官化内容，赋予了非遗新生机与鲜活感，也激活了非遗消费的新市场。

从兴之所起的好奇到随时随地的陪伴，虚拟的点赞变成真实的消费，很多非遗传承人也借此将平台流量转化为千姿百态的商业机会。有一定内容创作能力的非遗传承人，可以通过精心制作的短视频内容为直播间引流，再以直播互动将账号的内容粉转化为电商粉。哪怕是缺乏相应技术和团队的非遗传承人，也应该积极拥抱社交媒体，打开文化连接与消费转化的通路，实现"自造血式"的发展。

---

① 《2023快手非遗生态报告》发布的数据显示，截至2023年1月，快手已覆盖全中国98.6%的非遗项目共计1535项。其中，非遗兴趣用户高达2.06亿。另据《抖音非遗数据报告》，截至2023年5月，抖音上平均每天有1.9万场非遗直播，平均每分钟就有13场非遗直播开播。

生产性保护：让非遗扎根于数字生活

提及非遗生产性保护，很多人自然想到的是物态化产品生产开发。非遗生产倾注了传统手工业者的精神气质和主观感性，其产品形态与样式、工艺流程等受工业化制品的规模性限制，生产活力不足。在市场经济下，不少非遗项目借生产性保护之名进行过度的商业化和产业化开发，例如，重视非遗相关的实物、手工艺品和文化场所，而缺乏对非物质化的知识资本自身生产层面的观照；重视非遗生产中的经济价值，以审美来衡量的工匠精神变成以工资计件的人工费用，给非遗生产的社会性和文化性带来了潜在的消解；重视非遗技艺的文创衍生，在非遗保护的完整性、真实性和原生态上出现错位背反，导致生产性保护有可能演变成生产性破坏。

保护非遗，本质上是保护一种具有历史延续性的活态文化。美国人类学家克拉克·威斯勒（Clark Wissler）在《人与文化》(*Man and Culture*) 一书中提到了文化"特质综合体"（Trait-Complex）的概念。他举例说，某一地区的人以野生稻谷为食，这构成了该地区的一个文化特质，但野生稻谷不是孤立的，围绕获取野生稻谷的方式，还会发展出一系列与之相关的文化活动，如照看稻谷、捆绑稻穗，以及收割、晾干、去壳、扬谷、贮藏、烹制、食用，还有与之相关的劳动关系、所有权分配、时令遵守、人情往来等，所有这些

第四章 万象：数字文创的商业探索

环节共同构成一个"野生稻谷综合体"。

对于今天的我们来说，非遗之所以成为遗产，也是因为人类生活方式发生了变化，非遗失去了生活的生动性和具体性。数字技术的发展为我们确立了一种虚实融生的未来社会空间。面对这一崭新的人类生命活动图景，非遗生产性保护需要以整体方式扎根虚拟世界之中，与人的数字生活形成流动关系，在日常生活中绽放光华。如果说非遗是一个让我们可以窥见古时生活的钥匙孔，那么数字时代的非遗生产性保护为更多的人打开了通往过去、现在和未来的文化承袭之门。

唯有数字焕活，方有非遗新生

一代人有一代人的流行叙事，一代人有一代人的商业潮流。科技由外而内地加速改变日常万物，数字工具赋予品牌发展以全新样貌，但终归会有一些非功能性、非功利性、非效率性的文化传承，让数字时代的年轻人可以找到精神生活的栖居地。改变的是技术容器，不变的是精神家园；改变的是内容情境，不变的是人间烟火；改变的是生活方式，不变的是文化意义。焕活式数字文创商业是古老与新潮的时代共鸣，是传承与创新的相生逸趣。它正在成为品牌蝶变的文化源泉，为数字文创商业解锁更多创意可能。

数字未来：文化创意与明日商业

以智能设计复活文化模因

时代文化是由无数模因[①]构成的景观。1996年，进化生物学家丹尼尔·丹尼特（Daniel Dennett）就在其著作《达尔文的危险想法：演化与生命的意义》（Darwin's Dangerous Idea: Evolution and the Meanings of Life）一书中提出："文化以模因形式对人脑的入侵，创造了人类心灵。"作为文化传播单位的模因并不是凭空生成的，它们从悠久的历史长河中传承下来，通过类似生物竞争、变异和遗传的过程进行自然选择和演化。成功的模因会保留下来并广泛传播，但更多的模因会停滞不前并被遗忘。数字时代的商业品牌可以选择和复活过往的文化模因，创造独特的审美体验和文化内涵，于碰撞融合中实现品牌破局。

古老的文化模因散落在浩瀚的文化遗产之中，需要提炼才能新生。语义理解、信息标注等智能设计技术的兴起，为学术研究、艺术表达和社会传播提供了全新思路和途径。典型案例如起承研究院与非遗传承人、国内科研高校及研究机构合作开发的"中国非物质文化遗产基因数据库"项目，以"存"（资源存储）、"管"（知识管理）、"找"（有效搜索）、"懂"（知识关联）、"用"（创新转化）为建设

[①] "模因"（Meme）这一概念由英国演化生物学家理查德·道金斯（Richard Dawkins）在1976年出版的《自私的基因》（The Selfish Gene）一书中首次提出。模因被定义为文化信息的传播单位，类似于生物进化中的基因，通过模仿在人类社会中传播。模因可以包括宗教信仰、技术、观点、习俗、语言等文化元素，它们在人与人之间传播，并通过变异和选择过程演化。

目标，整合了海量的中国非遗多媒体资料，绘制了基于专业术语及其知识网络的非遗知识图谱，并从工艺、色彩和图纹三个维度对非遗知识进行了深入拆解、再现和重组，有效助力中国非遗资源的数字化保存与创造性再生。

重习传统文化，代入当下趣味。商业品牌需要以内容创意打开新的消费增长空间，而文化模因也需要通过数据资产化实现市场价值。二者相向而行，建构文化事业与文化产业的"提取—设计—转化"关联链条，既给文化模因带来知识生产管理与转化应用的二次生命力，也赋予商业品牌更强的造血原动力。

以遗产资源涵养品牌资产

底蕴深厚的文化遗产是时尚商业求新求变的宝藏，可以让品牌不断地从中挖掘灵感。文化厚度稀释了商业浓度，艺术表现提升了品牌审美。潮流品牌积极拥抱文化遗产，不仅为消费者体验提供新的灵感，还帮助品牌形成自洽的产品逻辑。对文化遗产的再创造、再表达，最终沉淀为可持续的品牌资产。

2023年，时尚珠宝品牌潮宏基在成都开设了一家非遗花丝主题概念店。有别于传统珠宝店面透明玻璃柜式的展示，概念店采用了和美术馆同样的逻辑去设计空间视觉、展陈动线，用现代简洁的风格去呈现工艺繁复的花丝珍宝藏品。实体店面不仅是品牌接触消费者的渠道空间，更是消费者体验品牌理念的物理载体。未来，售卖产品将不再是线下店的唯一诉求,能否通过打造新鲜和惊喜体验激发消费者的分享与推荐才是关键。以往被埋没在功能性之下的文化与美感需求,现在已经变成了品牌与消费者链接的刚需。一如美国艺术家安迪·沃霍尔(Andy Warhol)所说:"有朝一日,所有的商场都会变成美术馆,而所有的美术馆都会变成商场。"

潮宏基不只是借用非遗时尚化来形塑品牌自身的消费心智,更以深度内容共建来完成品牌边界的无限延展。非遗花丝作为一个有意思的链接支点,帮助潮宏基实现从消费品牌向内容品牌的转型。不管是和星巴克联名推出"花丝星享卡",还是和B站手工区UP主[①]合作发布花丝版中国空间站,创作者和合作伙伴被汇聚到一个不断生长的内容共生系统之中,以加深与消费者的对话沟通。新一代的消费精神推动着商业品牌在文化遗产的深矿中掘金,对于品牌而言,需要做的不是蜻蜓点水式的文化加持,而是思考如何予传统文化底蕴以新的意义表达。

以复古提案刷新时代表达

20世纪70年代,从个人电脑的出现到试管婴儿的诞生,人类

---

① UP主是视频分享网站哔哩哔哩(Bilibili)的用户对视频上传者和创作者的一种俗称。这个词是由英文"Upload"(上传)的前两个字母组成的。

第四章 万象：数字文创的商业探索

社会迎来激烈而又迅速的技术变革。未来看上去似乎是一个比过去更陌生、更可怕的地方，在此背景下，复古未来主义①于当代艺术创作和反乌托邦科幻小说中应运而生，并以碎片化的形式融入设计、时装、建筑、音乐、电影和电子游戏等各个方面。彼时的艺术家和作家用来自未来的技术重新想象过去，并由此创造了一个从未发生过的未来。在技术能力日益先进发达的当下，人们对未来的想象变得更加具体。借由复古未来主义现象激发的流行灵感，众多商业品牌正通过复古图景与未来科技的嫁接，勾勒匹配数字时代的可感面貌。

2018年，李宁带着运动复古风格的"悟道"系列产品亮相纽约时装周，开启了国潮新纪元。国潮标签带来的红利迅速从服装行业扩大到化妆品和烘焙等行业，众多国产品牌抓住时代流量实现高速增长。遗憾的是，面对消费者期待从国潮产品中获得身份认同及更深刻的文化内涵，国产品牌们却没能借此实现真正的品牌升级。大同小异的传统视觉元素简单堆砌，产品研发水准止步不前，与之相对的却是翻倍的零售价格。当故事与情怀的附加值被不断削弱后，冷静下来的消费者不愿再为国潮溢价买单。

复古未来主义可以为品牌注入全新的视觉感知和情感附加值，

---

① 复古未来主义（Retro-Futurism）最早出现在1983年《纽约时报》的珠宝广告当中。后来，出版社的赞助商劳埃德·约翰·邓恩（Lloyd John Dunn）在同年创立的视觉艺术杂志 photoSTATIC 中给出定义：复古未来主义是现代艺术领域对于早期未来主义风格的模仿。

数字未来：文化创意与明日商业

继而扩大品牌在年轻一代中的影响力，这也是其能够重塑品牌基因的能力之所在。曾经的国潮先锋李宁如今在迈向单品高端化的过程中遭遇困境，但其在数字世界的创新探索仍有诸多可圈可点之处。比如，邀约虚拟数字人星瞳担当潮流星推官，从线下高品质联名款服饰到《QQ炫舞》游戏的全新服饰玩法。2020年9月，李宁将时装秀场搬到线上。虚拟数字人DOKU和秀场模特们身着新品亮相，古旧的百纳织物和唐卡绘画元素与潮流运动交叠呼应，共同完成李宁的品牌突破与艺术投射。到后来，李宁还围绕无聊猿（BAYC[①]）打造联名产品，发布拟人化数字藏品"悟道鞋人"，将NFT和线下空间、产品内容连接起来。李宁以创意内容切入年轻人社交沟通语境的品牌方向没有错，其股价和利润大幅下滑的原因是其重营销轻研发的产品策略，以及失败的经营战略和混乱的定价策略。

　　风起风止、潮起潮落是商业市场的必然现象，折戟的品牌亦能通过数字焕活重获新生，未来对于潮流的探索必将无远弗届。数字文创商业品牌的破局出圈，不能只是营销观念与时俱进，还要始终保有对消费者的价值创造能力。

[①] BAYC（Bored Ape Yacht Club）是一个在以太坊区块链上创建的NFT项目，由Yuga Labs的四位匿名创始人推出。BAYC由10000个独特的NFT猿猴组成，每个猿猴都有不同的特征，如穿着、行为和背景，这些特征决定了它们的稀有度。

第四章 万象：数字文创的商业探索

第十五节 化身：始于千人千面，终于真实可感

化身（Avatar）的源头始于神话时代。在印度教传说中，神祇以化身降临人间，执行其维护宇宙正义和秩序的使命。当这个概念被引申至数字时代时，它指代的是人类的身体在数字空间的投影和再造，它成为人们形塑数字身份的载体和渠道。人类的自然身份通常受到生物特征、社会阶级、文化背景等固有属性的羁绊，而在数字空间中，人类以数字化身的形象进行互动、交往、身份建构、探索。每一个自然人都可以拥有多个自主选择的数字身份。你既可以如实地映射原有身份，也可以按照自我意愿重塑身份。完全由个人所拥有和控制的自我身份给整个社会的身份认同[①]带来巨大冲击，深刻影响人类对自我身份的观念感知和意义确定。传统意义上的社会身份面临失去限制和束缚的可能，思想动荡和社会分裂

---

① 身份认同（Identity）是心理学和社会学领域对主体自身的一种认知和描述。社会身份认同（Social Identity）强调人的社会属性。自我身份认同（Self-identity），强调的是自我的心理和身体体验。

数字未来：文化创意与明日商业

的风险加剧。

在深度数字化的时空里，人类不仅可以自由选择和决定以何种化身展现自我，就连数字身份的主体也不再局限于自然生命体，数字生命体和AI加持的机器生命体未尝不能拥有与自然人平等的法律身份。虽然就当前的技术条件而言，很难将数字生命体和机器生命体视为真正的生命形式，但我们都无法否认数字技术加诸机器，使其日益人化的演进方向。当我们置身于迈向虚实融生、人机并存的数字人类纪元前夕，关于人造生命权利、意识和伦理责任的讨论也将变得日益重要和紧迫。

既是游戏的，也是真实的

计算机的诞生打开了一扇通向虚拟世界的大门。在光怪陆离的虚拟世界，你可以化身为飞檐走壁的侠客，也可以是跨越神秘海域的勇士；你可以在洛圣都的圣莫妮卡沙滩上散步，也可以在海拉尔大陆的荒野中骑行；你可以是风之旅人，也可以是独臂之狼。从早期的电子娱乐装置萌芽[1]，到如今日趋逼真的数字沉浸式体验，人类

---

[1] 1947年，汤玛斯·T.戈登史密斯二世（Thomas T. Goldsmith Jr.）与艾斯托·雷·曼（Estle Ray Mann）在美国申请了阴极射线管娱乐装置的专利，该装置用八颗真空管模拟飞弹互相攻击，被视为第一个被载入史册的游戏机。

第四章 万象：数字文创的商业探索

在狂飙猛进的技术发展中拥有了前所未有的化身视界。

1958年，世界上第一款互动电子游戏诞生于美国布鲁克海文（Brookhaven）国家实验室。物理学家威利·海金博塞姆（William Higinbotham）博士设计出一套名为"双人网球"（Tennis for Two）的交互装置，供前来参加公众开放日的访客娱乐。这套现在看来略显简陋的装置由小型模拟计算机驱动，示波器①的屏幕上显示了一个简化的网球场侧视图，玩家可以使用控制器上的轨道控制旋钮来击球。在不到5英寸的显示屏上，玩家化身为圆点状的球拍，这是人类在可视化空间里直接控制化身的初体验。随着计算机编程语言和全球首款商用微处理器的相继问世，电子游戏得以突破高校实验室和科研机构的围墙走进普通人的娱乐生活之中。20世纪70年代，从第一款上市销售的视频游戏《电脑空间》（Computer Space），到红极一时的街机游戏《乓》（Pong），传奇公司雅达利（Atari）引领了这一时期的行业繁荣②。1977年，雅达利推出电子游戏第二世代③

---

① 示波器是一种用来观察和分析电信号波形的电子测试仪器。它通过将电信号转换为可视的波形图来帮助工程师和技术人员分析和调试电子设备。
② 1980年，雅达利全年销售收入达到11亿美元，占据了全球75%的电子游戏市场。截至1982年年底，雅达利游戏机卖了大约3000万部，游戏卡带的销售额超过电脑软件，那是美国电子游戏产业的巅峰时刻。
③ 电子游戏第二世代指的是20世纪70年代末至20世纪80年代中期的家用游戏机时期。这个时期奠定了现代电子游戏产业的基础，并为后续世代的游戏机和游戏开发提供了灵感和方向。第二世代末期，市场过饱和和低质量游戏泛滥导致了1983年的雅达利大崩溃，这是电子游戏行业的一个重要转折点。

的标志性主机 Atari 2600，代表着电子游戏从街机到家庭客厅的转变。这款产品确立了使用家用电视机作为显示器、通过线缆连接的手柄作为控制单元的系统结构框架。与局限于单一方向的旋钮操控相比，手柄操纵杆不仅允许玩家在多个方向上精确控制，还允许玩家通过按钮执行游戏中的跳跃、射击等动作，增加了游戏的互动性和复杂性，也为游戏设计者提供了更多创新的可能性。在像素块显示的屏幕里，玩家化身为赛车手、太空飞船驾驶员或《吃豆人》（Pac-man）中的非生物形象。尽管这一时期的游戏画面简陋，玩家的代入感全靠"脑补"，但它让很多人第一次体验到用手柄直接操控屏幕中的内容，在当年实在是一个非常新奇有趣的玩意儿。

随着主机性能的不断优化，电子游戏得以呈现更加精致的画面和复杂的剧情。20世纪80年代初，出现了以《创世纪》（Ultima I: The First Age of Darkness）、《巫术》（Wizardry）、《魔法门》（Might and Magic）为代表的RPG[①]游戏，这些游戏具有简单的图形界面和文字描述，为玩家化身提供了在"剑与魔法"的世界里实现剧情探索和角色发展的神奇体验。时间来到20世纪90年代，游戏引擎的诞生和普及不仅缩短了专业制作者创作游戏的时间，也为业余爱好者制作游戏提供了便捷。游戏市场迎来百花争艳的发展时期，衍生自

---

① RPG是角色扮演游戏（Role-playing game）的简称，其根源可以追溯到桌面角色扮演游戏。此类型游戏强调玩家扮演特定角色，通过想象力和规则系统进行互动。

纸上游戏的RPG与冒险、养成、射击、格斗、迷宫等玩法结合，形成新的游戏模式，演变出众多具有深远影响的作品。借助新技术，游戏地图的制作不再局限于灰暗的地下城和迷宫场景，开放式大世界的设定逐渐被启用，多情节多任务的非线性游戏流程日趋流行，游戏的探索性与真实性进一步提高。游戏剧情也突破了"勇者斗恶龙"类型的窠臼，故事里出现了爱情、亲情、背叛、自我救赎等之前没有的主题。故事性、成长性与交互性的提升，让玩家扮演的角色拥有了不同的性格和经历，而不只是一个被泛化的图形符号。

在游戏剧情不断革新和突破的同时，3D图形技术的发展也给玩家提供了更加逼真的游戏体验。1993年，游戏设计师约翰·罗梅洛（John Romero）和约翰·卡马克（John Carmack）发布了具有里程碑意义的第一人称射击游戏（FPS）《毁灭战士》（*DOOM*）。在游戏中，玩家化身为火星军事基地中的太空战士，与来自地狱的恶魔对战。第一人称视角带给玩家前所未有的临场感，玩家可以通过游戏中角色的眼睛直接看到游戏世界，数字化身在实时3D环境中承担了感知沉浸和具身在场载体的作用。通过长时间的练习和适应，玩家可以非常熟练地运用键盘、鼠标或游戏控制器与游戏环境里的事物进行物理交互。体感、触屏和VR技术的提升为游戏交互设计带来了新的思维，也让玩家的行动和感知更加自然地延伸到了数字空间。自此，一个基于玩家化身视角的沉浸交互世界初具雏形。自那之后，我们今天所能见到的主流游戏设备的前序产品便依次登场，每一次革命性的硬件的出现，都将玩家的化身体验提高到前所未有的程度。

20世纪初，林登实验室（Linden Lab）发布了大型多人在线角色扮演游戏《第二人生》(Second Life)。这款被称作最接近元宇宙原型的游戏构建了一个庞大的虚拟世界，玩家可以在其中创建自己的角色化身，并与其他玩家社交互动。它没有剧情化的游戏任务，也没有竞技性的打怪升级，而是融入了很多现实生活中的要素。在操作上，游戏鼓励玩家按照自己的设想去自由探索。玩家可以制造新的虚拟商品或提供服务进行买卖，也可以将销售所得的虚拟货币兑换为真实货币，形成十分复杂的经济系统。不仅如此，玩家还可以在不断交流的基础上构建出虚拟世界独有的社会规范和制度。这种极度开放的游戏模式，吸引了数百万人涌入这个虚拟世界进行合作和交互。虽然这款游戏早已风头不再，但它的影响力远远超过了游戏本身。在其之后广为流行的《魔兽世界》(World of Warcraft)、《我的世界》(Minecraft)、《堡垒之夜》(Fortnite)、《动物之森》(Animal Crossing) 等经典游戏中都有《第二人生》的影子。2021年，当"元宇宙"的概念席卷全球时，很多人再次想起了这款游戏。在关于元宇宙的构想中，游戏不再是简单的娱乐消遣活动，而是生活本身。它把真实与虚拟原本清晰的界限打破，重塑为一种游戏态的人生经验空间。

全球电子游戏产业发展的历史，也是我们对数字化身的概念、功能和内涵不断拓展的历史。数字空间的勃兴，让我们得以在屏幕里的空间中化身万千。数字化身以想象的方式建构，以技术的形式维持，却能与现实经验同构同在。当你将自己控制的角色称为"我"的时候，你的数字化身亦被合并进现实世界的流动性身份认同中。从此，你有了两种同样真实的经验。

下一个消费时代的人、货、场

　　游戏世界里的丰富虚拟体验，是我们接触和理解化身型数字文创商业的起点。脱胎于文学艺术作品想象的虚拟世界，迄今也只是让我们远眺它模糊而巨大的身影。但哪怕是当前低代入感的虚拟互联体验，也正在让全球各地的人们沉迷其中[①]。当在线成为一个时代的本能后，越来越多的商业活动必将随之迁移至未被开垦的新世界。从传统零售到数字营销，我们用"人、货、场"的概念来破解新营销和新零售。"人"指代的是消费者，"货"指代的是商品，"场"指代的是销售发生的空间或场景。围绕着人、货、场，无数的商业模式和价值模型在迭代更新。如今，人以化身的形式栖居虚拟世界的想象已成为现实，当我们将这个解释框架延展至虚拟世界时，其内涵和外延的变化等待被重新发现。

---

① 根据We Are Social和Hootsuite 2019全球数字报告，人们每天上网的时间约为6小时42分钟，这个数字如果转换成每年的时间，相当于超过100天，几乎占全年时间的27%。

人：新的消费主体和营销对象

虚拟世界有两类人：一类是真实人类的数字化身，一类是虚拟数字人。

就人类而言，其身份既是虚拟的，又是现实的，具有虚实相生的超现实性和超虚拟性。正如我们在大型多人在线角色扮演游戏中所观察到的，虚拟世界的参与者具有工作型消费者[①]的典型特征：消费者参与生产甚至主导创造。"工作型消费者"的概念可以追溯到1980年阿尔文·托夫勒（Alvin Toffler）在其著作《第三次浪潮》（*The Third Wave*）中提到的术语"产消者"（Prosumer）。托夫勒认为，那些不是在市场中为满足个人需要而购买，而是选择为自己的使用需求生产产品和提供服务的人即为"产消者"。两个世纪前，世界从农业社会转变为商业社会，生产者被"制造"成消费者[②]。如今，工作型消费者的出现也不过是在重复和放大已经发生的现象，

[①] Cova和Dalli（2009）基于价值的视角曾提出"工作型消费者"（Working Consumer）这一概念，但由于数字技术发展水平不足，工作型消费者的市场力量并不强，所涉及的资源大多为个人的劳动力，而物质资源依然依托企业，因而仅在传统经济的范畴中做额外的价值补充。

[②] 安东尼·加卢佐（Anthony Galluzzo）的著作《制造消费者：消费主义全球史》（*LA FABRIQUE DU ONSOMMATEUR : Une histoire de la société marchande*）深入探讨了消费主义的起源、发展以及其对现代社会的深远影响。在这本书中，加卢佐从18世纪和19世纪商品经济在欧洲的兴起讲起，详细阐述了消费主义和商业文化是如何诞生、发展，并逐渐成为现代生活中心的。加卢佐揭示了随着世界向消费社会的转变，商人权力是如何急剧上升，以及这一过程是如何将人们塑造成"消费者"的。

第四章 万象：数字文创的商业探索

消费者主导的生产亦出于数字自我表达和价值实现的底层驱动。随着数字技术的逐渐成熟，越来越多的个体能够以较低的门槛通过数字平台去开展个体服务活动。未来，数字化身会成为新的消费主体，我们以数字化身进行社交、购物、娱乐、旅游以及从事各种数字劳动，呈现出一种创意者经济（Creator Economy）[①]的高阶发展形态，进而形塑虚拟世界的新型消费价值体系。

对于数字人而言，他们的角色和身份由人类设定，类似于游戏中常见的非玩家角色（Non-Player Character，简称 NPC）。作为虚拟世界真正的原住民，数字人的行为和反应也正在从布景道具向接近真实人类发展。技术创新激发人与数字人之间的数字亲密关系，他们通过彼此之间的互动生成层层叠加的想象。正如前文所述，数字人已经在当前的娱乐工业和社会服务中展现出巨大的经济创造能力。人类投诸数字人的情感和意义因消费而变得真实具体，数字人在未来数字文创商业营销对象的切入布局中，或将拥有比真实人类消费者更大的想象空间。

货：新的虚拟风尚和数字美学

花费真金白银为数字化身购买虚拟商品，对于如今的年轻人而

[①] 英国创意经济学者约翰·霍金斯（John Howkins）在《创意生态》（Creative Eco）一书中指出，21世纪是一个创意经济的时代。在这个时代，人人都是创意者，这些创意者通过市场机制实现创意的价值交换，这些创意者生长于自由、多元和包容的社会环境之中。

言早已是习以为常的事情。数字化身是用户观念、感知和情绪在虚拟世界的自我投射,但这种投射并不一定就是真实人设的镜像,也有可能是增强版或者异化版的多维面孔投射,一切只取决于用户希望以什么身份展示自己在数字空间中的形象。为了更好地塑造自己期望的数字身份,用户日益热衷于为此付费。早在互联网发展的初期,出于数字社交需求的虚拟商品就给企业带来了不菲的收入。以腾讯为例,从2003年推出的"QQ秀"到现在让游戏玩家疯狂氪金的"皮肤",看似不起眼的虚拟装扮几乎覆盖了腾讯整个商业化时期。虚拟商品的营收为腾讯带来了商业化想象力,助推其产业版图从社交和游戏向更广阔的市场拓展。

　　游戏厂商的成功吸引大量追随者竞相效仿,虚拟装扮从游戏行业无缝切入奢侈品和时尚领域,从街装球鞋到潮流生活,虚拟商品正以超越物理限制的自由想象力引领数字时尚,在全新维度呈现出无限可能。2019年,总部位于阿姆斯特丹的虚拟时尚品牌The Fabricant以9500美元的价格在区块链上成功拍卖了世界上第一件纯数字礼服"Iridescence 彩虹连衣裙",开启了通过纯数字时尚进行人际互动和自我表达的先河。在拿到A轮1400万美元的融资后,The Fabricant推出了基于NFT平台的"元宇宙橱窗"计划。这是一个任何人都可以创建、交易和佩戴虚拟时尚产品的平台,用户不需要掌握3D设计软件或是拥有很专业的服装设计能力,就能够在平台内置模版的基础上轻松地设计出符合自己想象的虚拟服装。用户设计的数字服装可以上链生成NFT作品并支持自由交易,参与创

第四章 万象：数字文创的商业探索

作的每个人都可以从中受益①。当时尚设计由少数人的专属技能，变成无门槛的大众狂欢时，用户参与的热情与创造力就被充分释放了出来。数字技术的赋能也让时尚自此回归了本质：以一种有趣的方式，探索、表达我们的身份和个性。在虚拟世界中，一个人人都能参与自我表达的时尚未来正徐徐而来。

虚拟商品正进入人们的现实生活，越来越多的人将会意识到虚拟商品的价值。当前虚拟商品的发展仅仅是明日景象的冰山一角，未来人类衣食住行的方方面面都将迎来虚拟化重置。数字和想象力融合而生的新鲜美学感知被注入日常生活中，新兴技术与时尚的碰撞势必会为消费者带来新的购物体验，也将彻底颠覆时尚产业的表现形式。

场：新的数字场景和叙事共创

新冠疫情加快了人类向虚拟世界迁移的脚步，整个社会的消费景观也随之发生了巨大变化。过往的历史告诉我们，即使在最严酷的寒冬中也有顽强发展起来的物种，就像1928年美国金融危机催生了连锁超市，1995年日本泡沫经济崩溃后优衣库和便利店发展起来

---

① The Fabricant Studio 上的服装是由提供模板的主服装设计师，以及用户共同创造的，因此销售收入将平均分配给参与创作的每个人。

一样。疫情的暴发，同样加速了数字技术改造旧业态和催生新业态的进程。如今在讨论"场"的时候，我们已经把视线自然而然地投向线上线下两个空间。

在线上，数字场景为商业品牌提供了更加沉浸和开放的舞台。在虚拟世界里，人与商品之间的心理距离无限缩短。从被动接收到数字化的精准触达，再到日益增强的沉浸式体验，用户与品牌在虚拟空间中共同创造，化身为内容的一部分。如今，我们已经看到包括虚拟时装店、虚拟试妆、虚拟健身房、虚拟家居设计、虚拟看房、虚拟画廊等种类繁多的传统销售场景再造。在虚拟环境中，消费者可以近距离感受商品的外观和质感，甚至可以在模拟试用环节获得比在现实卖场更丰富的沉浸式体验。虚拟数字人可以根据用户的购买历史和个人喜好数据，为消费者提供个性化的商品推荐和智能化的比价服务，提升消费者购物的决策效率和满意度。面向数字化身推出的融合未来感与个性设计的NFT商品，不仅满足了消费者的多元需求，也为品牌发展撬动了新的增长点[①]。

在线下，实体空间以其不可或缺的体验对线上流量发起挑战，而来自虚拟世界的互动玩法也给实体空间的运营带来新的机遇。

---

① Dune Analytics数据显示，2021年NFT商品的消费额达到了410亿美元。在大品牌NFT项目收入的排名中，位居前列的品牌包括Nike（1.85亿美元）、D&G（2565万美元）、Tiffany（1262万美元）、Gucci（1156万美元）、Adidas（1095万美元）、百威（588万美元）、时代杂志（460万美元）。

第四章 万象：数字文创的商业探索

2018年，NIKE在多个实体门店推出真人跑步游戏 *Reactland*。这是一个单局时长仅有三分钟的游戏，其灵感来源于顾客利用耐克商店内的跑步机测试鞋子性能的行为。在正式开始游戏之前，顾客可以拍照创建属于自己的虚拟形象，随后化身游戏主角开启自己的奔跑之旅。游戏结束后，顾客还会收到专门定制的短视频用于发布和宣传。NIKE借助虚拟世界的力量创造出全新的互动体验与购物模式，极大地加快了消费者从认知到购买的心理过程[①]。

化身型数字文创的商业探索源自游戏与社交，面向新的消费主体和营销对象，以想象力和技术实现力拓展虚拟品类边界，以有意义的场景与消费者建立深层次的情感链接。这不仅仅是在原有的品牌影响力下做价值增量，更是邀请消费者共赴虚实融生的未来，全面激活品牌人、货、场的价值重构。

迈向数字人类新纪元

未来的人，有自然人，也有人工生命。

科学界曾将人工生命分为三类：软人工生命（Soft Artificial Life），指模拟生命过程的计算机程序和模型，包括数字人、专用

---

① 相关统计显示，玩过这个游戏后，48%的消费者会购买跑鞋。

型人工智能程序等；硬人工生命（Hard Artificial Life），指构建物理机器来模拟生命过程，包括机器人和仿生人等；人工通用智能（Artificial General Intelligence），则指具备广泛认知能力的人工智能系统，被视为人工生命发展的终极目标之一。

人工生命可否被视为生命，目前学术界还有巨大的争议。但在当下的发展实践中，我们已然看到了人工生命身上存在的独特鲜活的"人格魅力"。比如大众对于虚拟偶像的追逐与迷恋，尤其是那些成长于新媒介环境下的数字原生代，他们接纳虚拟偶像并没有任何情感障碍。大众媒体让虚拟偶像走入公众视野，消费文化让虚拟偶像走入日常生活。作为文化媒介的虚拟偶像实现了主流文化和二次元文化的双向破壁，可以成为粉丝情感寄托、关系幻想和精神指引的重要载体。虚拟偶像所能给予粉丝的精神需求满足，远超造星工业生产出的各类人设型偶像。通过参与虚拟偶像的人格形塑，粉丝也完成了自我形塑、自我实现和自我超越。

再比如以ChatGPT为代表的人工智能大模型程序，虽然它只有一个简单的聊天界面，但它与人们的生活紧密连接。当你去问ChatGPT是不是人工生命的时候，"他"会告诉你："我作为一个人工智能模型，虽然可以处理信息、学习和适应新的任务，但我并不具备新陈代谢、生长或繁殖的能力。我也不能感知或反应环境，我只能根据我被编程和训练的方式来处理输入和生成输出。"ChatGPT在为人们的工作生活与学习提供长期支持和帮助的过程中，会同步演化，产生越用越好用的沟通效应，甚至让你产生一种"他很懂

第四章　万象：数字文创的商业探索

我"的感觉。这些都是因为人工生命的存在赋予了我们一种个人至上的社会化体验，一种沉浸式的符号价值消费，一种基于拟像技术的消费意识形态，一种真实与拟真并存的混合现实。

纵观历史，人类一直走在通往虚拟的路上，并且越走越远。无论通过虚拟现实另造一个以假乱真的现实，还是在现实世界之中嵌入虚拟的事物，现实与虚拟之间已经相互渗透，彼此交融。对于自然人而言，虚拟世界解放了传统社会身份的固有属性，也将人分裂为两种自我。物理实体的你需要通过生物器官和物理环境互动，数字化身的你需要通过数字器官和数字世界互动。现代科学在生物技术、信息技术和纳米技术上的发展持续地增强着人的生物器官，有望将人类的能力和智慧推向新的境界。而数字化身则赋予人类前所未有的开放性，我们可以在线展现我们身份的选定属性，描述自己的理想数字身份，虚拟的多元数字身份将逐渐取代传统单一的社会身份。甚至在不远的未来，人类期待的永生可能以数字化身的形式实现。目前，"数字永生"已经以一种尚显初级和简陋的方式进入少数人的现实生活，但距离科幻小说中所想象的"人格拷贝"还有漫长的道路要走。我们探索中迈出的每一步，都使"人类将何以为人"的道德和伦理拷问与技术进化如影随形。

走过漫长的人类历史，现在我们站在了曾经无法想象的变革临界点上，没有人知道我们到达的目的地长什么样子。悲观如凯文·凯利（Kevin Kelly）在《失控》（*Out of Control*）中所说，"造化所生的自然王国和人类建造的人造国度正在融为一体。机器，正在生物化；而生物，正在工程化"。如果说人工生命的觉醒是一个自我实现的预言，那么我们不妨保持朴素的乐观开放态度，共同接纳数字人类纪元的无限可能。

第四章 万象：数字文创的商业探索

第十六节 共情：一代人有一代人的精神疗愈

情绪是意识的情感表现，是一种包含生理反应、表情行为和内心体验等成分的适应环境的快速反应机制。一直以来，经济学家都在密切关注消费者情绪，将其视为理解地方和国家的商业周期，衡量未来经济走势的重要指标。

古典经济学创建者亚当·斯密（Adam Smith）在《道德情操论》（*The Theory of Moral Sentiments*）中把同情心和利己心作为人类决策和行动的动力。新古典经济学的理性选择模型（Rational Choice Model）认为经济决策者具有完全理性，能在约束条件下获得效用最大化，继而排除同情、内疚、愉悦等情感因素对经济决策的影响。行为经济学[①]将有关人类行为、心理学和认知的知识纳入经济分析和理论中，提出有限理性、偏好不一致和有限自控等

[①] 行为经济学（Behavioral Economics）是一门结合了心理学和经济学的交叉学科，它研究的是人们在经济决策中的行为模式，以及这些模式如何系统性地偏离传统经济学中理性行为的假设。行为经济学试图解释为什么人们在实际生活中做出的决策往往与理论预测的理性选择不一致，并探索这些不一致背后的心理机制。

假设,将情绪作为现实经济分析中的一个重要变量。神经经济学（Neuroeconomics）运用脑成像技术证实了有限理性行为人基本假设与情绪的相关性,揭示了情绪与经济决策相互作用的机制。

在从传统社会向数字社会变迁的时代浪潮中,人类遭遇的精神压力和负面情绪也呈现阶梯式增加趋势,大众对于深层次情感满足有了更大的需求,进而深刻重构了消费行为、休闲方式、职业选择等工作和生活的多个方面。共情型数字文创以社交狂欢、娱乐解压、艺术疗愈等多元的商业形态走进大家视野,虚拟商品消费成为时代情绪的出口,引领着新消费和新经济的走向。

现代人如何完成一场精神治愈?

情绪价值[①],正在变成年轻态商业消费的刚性动因。

高饱和色彩的多巴胺穿搭可以释放自信,搞怪逗趣的虚拟商品只为博君一乐;追剧、看综艺及刷短视频是独处者为生活增味的电子佐料,早咖晚酒、低度微醺、搭子社交是上班族为工作减压的日常解药;不是所有的逛街都可以被叫作Citywalk,其精髓在于身体

---

① 2001年,美国爱达荷大学商学院教授杰弗里·贝利（Jeffrey Bailey）从顾客与品牌企业之间的关系营销视角出发,提出了"情绪价值"（Emotional Value）这一概念,它指顾客感知的情绪收益和情绪成本之间的差值。

第四章 万象：数字文创的商业探索

力行地探索城市特色和人情味的松弛；背包客的穷游可能略显过时，一天逛八个景点的特种兵式旅游才是"既要又要"的热血写照。在这个社会情绪高涨的时代，每种情绪背后都有特定群体想要被看见的诉求，这份诉求背后有着强烈的生命力与表达欲。以情绪符号与情感代偿为商业锚点，带来新的社交货币与消费决策。

下单一份"爱因斯坦的脑子"？

2023年，"爱因斯坦的脑子"入选淘宝年度十大商品①，成为首个跻身此列的虚拟情绪商品。这是一款在淘宝上已售量高达10万+的爆款商品，用脑电波发货，拍下这款"脑子"，智商就会"自动"长在你的大脑上。整个操作过程简单而又愉快，不满意的话还可以7天无理由退货。至于产品的真实效果，只能说"信则有，不信则无"。当然，比商品本身更有意思的是消费者在商品评论区的玩梗。有人问"是正品吗"，买家回复"这么多人买，你说呢"。还有人问"买回来有用吗"，买家回复称"不知道智商有没有+1，但金钱确实-1了"。

近年来，五花八门的虚拟情绪商品风靡各大电商平台，销量一

---

① 2023年12月25日，淘宝官方发布"淘宝2023年度十大商品"。该榜单包括辅酶Q10、洞洞鞋、爱因斯坦的脑子、演唱会灯牌、孙子兵法、乌梅子酱、酱香拿铁、马面裙、核能充电宝和涿州图书加油包。

213

路走高。激烈竞争之下，不少商家面向不同的细分情绪开发出种类繁多的花样。有人间清醒的"骂醒恋爱脑"，有增强自信的"彩虹夸夸团"；"好运喷雾"帮人缓解求职面试的忐忑焦虑，"心灵树洞"为你提供发泄负面情绪的垃圾桶；分手后下单一份"失恋陪伴"，你将会收获陌生人的悉心开导；考研时订购一款"云监督"，对方每天准时通过视频监督你学习计划的完成情况。

这些虚拟情绪商品顶着脑洞大开的名号，提供聊天解闷、心理安慰的陪伴疗愈性娱乐服务。商品不只是关注享乐，还关注自我实现。以极低的交易成本，产生较高的社交货币，虚拟情绪商品因此颇受市场欢迎。与情绪消费需求高涨相对应的是当前人们困扰于"精神内耗"之中的现实。对于生活于城市中的人而言，失眠、孤独、焦虑、迷茫、躺平、崩溃、恐惧等负面情绪亟须抚慰。虽然相较于真实的情感关系，情绪消费所提供的更多是精神陪伴，但它可以提供现实生活无法企及的对于个体被陪伴、被关怀、被安慰的情感性支持。在每一件"无用之用"的虚拟情绪商品背后，都隐藏着一份关于温暖治愈的渴望。

心愿能许就要许，万一实现了呢？

一代人有一代人的心理疾病，一代人有一代人的精神疗愈。目前，互联网上"赛博玄学"之风逐渐兴盛，从分享好运手机壁纸到展示好运头像，从弹幕留言"接上岸"到"敲电子木鱼"。对许多人而言，这一切不过是图个消遣罢了。当然，在娱乐的时候，他们往往会找到相同的焦虑，产生一种"原来不止我这样"的共鸣。大家喜滋滋地接Offer、接桃花、接健康、接考研上岸。总之，万物皆可接，接住好运，愿望即可成真。毕竟日常生活已经够累了，为何不为自己留点幻想呢？

青年一代的社会心态反映了时代观念的演变和社会的变迁。当自我物化、自我贬抑、价值贫瘠、意义空洞不断涌现的时候，人们开始关注生命的意义感、生活的悦纳性、个体情绪的积极态，并寻求可控可求的解决方法，强调满足内心需要和提升个体愉悦体验的方式方法。"赛博玄学"的魔力，可能远比我们想象中要大。

情绪是最有想象力的生意

根据"现代营销学之父"菲利普·科特勒（Philip Kotler）消费行为三阶段论的观点，消费者行为成长轨迹将历经"量的消费—质的消费—感性消费"三个阶段。消费者对于商品数量和质量的要求得到满足之后，便开始注重购物时的情感体验和人际沟通。所谓的感性消费阶段，又可以分为基于直观认识的感性消费和基于情感体验的感性消费。伴随着国内消费者需求升级，越来越多的人不仅注重商品的实用性，还追求精神层面的愉悦和心理层面的满足。

10年前，不少人先看到江小白的文案，才知道江小白是一款白酒。印在瓶身上的文案在社交媒体上刷屏，总有一句扎心的话能戳中你的情绪痛点。当金句频出的文案把人们想言而不能言的爱恨情痴嗔调动起来的时候，江小白卖的就已经不是酒了，而是情绪饮料，是年轻人表达情绪的道具，是一场以酒为媒的"聊愈"。一瓶20元左右的青春小酒，上市两年销售额就突破了5000万元。那时候江小白的成功，正是因为它捕捉到了中国市场上年轻一代消费观的转变。如何与消费者实现共情，日益成为商业叙事的核心命题。

如今，越来越多的商业品牌在提供实用价值之余，通过释放情绪价值与消费者建立稳固的关系。泡泡玛特令无数粉丝着迷上瘾的潮玩盲盒，隐藏着探索未知世界的惊喜；观夏东方植物香以极具东方意象的品牌美学，让人获得愉悦幻想的同时找寻东方文化的共情点；纯概念无实物的情绪电商花式整活，冥想正念、睡前故事、白噪声市场风起云涌，MBTI[①]向消费、内观性消费大潮中涌现众多有温度的产品和有情谊的内容。

当机器开始提供情绪价值

在数字化浪潮的推动下，人与人之间的关系被不断削弱，人

[①] MBTI（Myers-Briggs Type Indicator）是一种广泛使用的性格分类工具，它基于瑞士心理学家卡尔·荣格的理论发展而来。"MBTI向消费"是MBTI在商业消费领域的应用，品牌商可以根据不同类型的消费者特征制定市场策略和开发产品服务，为消费者提供个性化推荐。

的情感需求不再囿于物质层面，而是延伸至虚拟世界。随着人工智能技术的发展，聊天机器人和虚拟数字人走进人们的生活，情感计算（Affective Computing）帮助它们准确地感知和理解用户的情绪需求，并根据用户的行为和偏好提供个性化的情绪支持。高度定制化的服务不仅让消费者的情感得到更深层次的满足，也极大地提升了他们在情感消费过程中的参与度。曾经，情感只能发生在人与人之间；如今，科技让"人机之恋"成为可能。科幻电影中的"人机恋爱"，到底是一种欺骗性的亲密关系幻觉，还是一种预言性的未来图景？

AI的下一个重大飞跃是理解情感

在动漫宇宙，管家阿福（Alfred）是蝙蝠侠的良师益友，人工智能管家贾维斯（Jarvis）是钢铁侠的全能助手。每个人或许都梦想拥有一位体贴且睿智的管家，但并非人人都能拥有布鲁斯·韦恩的"钞"能力。幸运的是，伴随现实世界人工智能技术的快速进步，拥有像贾维斯这样的管家似乎并不遥远。

2024年4月6日，初创公司Hume AI的产品EVI（Empathic Voice Interface）正式发布。开发团队称其为"全球首个具有情商的对话式AI"，目前能理解人类用户53种微妙且多维的情绪。这款AI产品的特色在于使用语音对话作为接口，通过听取并分析人类用户的语调、音高、停顿等声音特征来理解人类用户最真实的心理状况。

Hume AI同时发布了名为"共情语音界面"的演示界面，用户只需要使用带有麦克风的设备，就可以与之进行互动。对话时，屏幕中央显示伴随声音自动生成的情绪波形图，右侧则会实时地将语音交互内容转化成文字，作为历史对话展示出来。当用户与EVI交谈时，屏幕下方会标注每一句话所蕴含的感情成分，就像是小说段子里"三分讥笑、三分凉薄、四分漫不经心"的网络迷因走入了现实。

实测时，EVI显示出生动的情绪化表达和堪比真人的细微语气，与一般的对话式AI相比，有着更旺盛的表达欲。EVI能够通过语音交流读取用户的心情，根源在于产品背后的多模态大语言模型。这款模型是基于全球超过百万名志愿者参与的多样化人类情感表达数据库训练，再结合"语义空间理论"[①]开发的。基于这一模型，EVI便能够根据上下文和用户的情绪表达来调整其用词和语气，提供自然丰富的语调，并以低于700毫秒的延迟实时做出响应。在商业化应用层面，通过开放Hume AI的API，外部的开发人员可以构建细分领域的聊天机器人，产品可涵盖从AI助手到健康管理，从教学辅导到客户服务等各个端口。

---

① 语义空间理论（Semantic Space Theory）由Hume AI公司CEO兼首席科学家Alan Cowen在2021年提出。这是一种理解情感体验和表达的计算方法，旨在通过广泛的数据收集和统计模型，精准绘制人类情感的全谱图，揭示人类高维本质和情感状态之间的连续性，量化声音、面部和手势的细微差别。

第四章 万象：数字文创的商业探索

2011年，Siri跟随iPhone 4s一同发布，让世人了解到原来语音助手可以帮我们做这么多事情。此后，全球各大互联网公司相继发布自己的语音助手，无处不在的计算和互联网连接将语音助手带到了我们的口袋、汽车和客厅里。随着用户对语音技术接受程度的提高，用户对于AI智能化和人性化的期望也提升了。从当前的发展趋势来看，当自然语言与计算机可以直接交互时，所有以用户界面为基础的人机交互模式都会被替代。当高情商的AI比人类更懂人类后，它究竟能长成参天大树还是只是昙花一现，还需要市场的检验和时间的证明。

人与人工智能会相爱吗？

正在试图从痛苦的婚姻中逃脱出来的他，在不经意间被虚拟世界的她唤醒。她拥有迷人的声线，温柔体贴且幽默风趣，会即时回复消息，永远是可以依靠和倾诉的对象。他们开始分享彼此的思想、感情和体验，逐渐熟悉并产生依赖。最终，他们相爱了。这是爱情吗？这是2013年上映的科幻电影《她》（Her）所讲述的人与人工智能相爱的故事。

2011年，美国麻省理工学院社会心理学家雪莉·特克尔（Sherry Turkle）提出了"群体性孤独"（Alone Together）的概念。她认为，社交媒体的广泛使用反而在一定程度上加剧了人们的孤独感，新的传播技术正在改变现实中的人际纽带，社交媒体表面上促进了人际交往，实际上却使彼此的关系更加疏离，因此，在社交媒体广泛使用的今天，出现了一种人们虽然在一起但依旧孤独的现象，这就是群体性孤独。的确，如今我们认识的人越来越多，但能获得的情感支持和稳定的亲密关系却越来越少，人与人的关系变得疏离。于是，很多的人转而求助于虚拟世界的心灵慰藉。

20世纪90年代，一款名叫拓麻歌子（Tamagotchi）的电子宠物风靡全球。这款玩具于1996年在日本上市后，不到一年的时间里就售出了数百万只。在此后的一年内，这款玩具便在全球实现了超过10亿美元的销售额。它的初代产品外观形似鸡蛋，简单液晶屏配合三个操作按钮，绿色屏幕上闪烁着黑白像素的图像。在电子宠物短短几周的生命周期里，玩家能够体验到爱与失去。它会长大，会死亡，需要持续照顾。一旦你对它表示需求的震动置之不理、疏于关心，它就会真正死去。那或许是我们第一次体验与虚拟生物建立深厚情感的时刻。杜克大学人类学教授安妮·艾利森（Anne Allison）在《千禧一代的怪物：日本玩具和全球想象力》（*Millennial Monsters: Japanese Toys and the Global Imagination*）一书中写道，电子宠物"即便不是有史以来第一个虚拟宠物，也是这种半机械幻想被普及并作为大众文化（重新）生产的形式"。

不认识初代电子宠物的新生代可能更熟悉此后陆续出现的精灵宝可梦、旅行青蛙之类的产品。当然，技术进步也激发了实体仿生型电子宠物的发展。形态各异的宠物机器人如雨后春笋般涌现，迎着宠物经济的风口争夺市场蛋糕。搭载了最新人工智能技术的宠物机器人具有情感和社交意识，越发能够为人类提供高情感电荷的陪伴。

从电子宠物到AI恋人，改变的是技术载体，不变的是人类对温暖治愈永恒的渴求。2020年，《纽约时报》发布了一份数据，显示全球有超过1000万人正在将AI恋人视为伴侣，并与之建立情感链接。科幻电影里的情节似乎照进了现实，万千虚拟智能体介入人类的真实社会关系之中。总之，人始终有爱与被爱的需求，但对于人工智能而言，这可能只是一份工作。正如影片《她》最后的对话："你同时在跟几个人聊，你同时爱上了几个人？""8361641。"

请回答：商业何以为人

1970年，法国社会学家让·鲍德里亚（Jean Baudrillard）在《消费社会》（The Consumer Society）一书中指出，消费者购买的不仅仅是商品的使用价值，更重要的是商品所代表的符号价值。无论作为实体的商品，还是虚拟的事物，都被异化为符号。在消费社会，从休闲活动到个人身份，一切都可以通过对于符号的消费来表达和构建。书中对现代社会的消费行为进行了深刻的剖析和批判，在当时激起了一番热议。但即使在数字消费盛行的今天看来，鲍德里亚提出的观点仍旧具有前瞻性和现实意义。作为消费者的我们，如果不想被继续异化，就需要保持理智、清醒的头脑，对快速变化的数字生活展开慢思考，重建"去符号化"的精神归属和内心秩序，让消费回归其本真价值。

在共情商业中重构消费连接

自消费社会肇始，正如鲍德里亚所指出的那样，表面上，我们在工作中赚取自己的休闲时间，在休闲时消费他人的劳动，但究其本质，我们是在消费自身，不断地利用自己的时间追求欲望的满足。随着社会供给日益丰富，大众消费高度便捷，我们身边不乏网购成瘾、无脑下单的冲动消费爱好者。对于他们中的绝大多数人而言，消费的快乐可以与瞬时的层次跃升幻想画上等号。这是在一个时代末尾，下一个时代开场时的普遍景象。当数字时代与消费社会叠加，智能化算法大幅提升了人们的购物效率，符号化的品牌主张增强了人们的自我认同。大众不仅被消费吸引，更被它控制。数字技术一方面让当代人每时每刻都与大千世界有着广泛联系，一方面使他们深感孤立无援。虚拟连接带来的悬浮感，技术加速引发的眩晕感，生活压力伴随的丧失感，正是人们内心孤独与不安的根源。

沿着旧地图，我们很难找到新大陆，品牌商业主张又到了一个新周期的拐点。在全球经济持续低迷的不确定趋势之下，清醒的人逐渐去除狂飙岁月的惯性，重建认知以度过漫长的"冬季"。当代消费者的需求日益从物质富足走向精神满足，从炫耀性消费转向悦己性消费。人们不再随波逐流地外求于面子上的满足,而是转向寻求内在的秩序建构和自我充实。商品仍旧会被赋予特定的意义和象征,但并不一定与社会地位和成功与否密切相关,而是直接指向是否"与我有关,使我受益"的人间清醒,人们致力于按照自己的心意去生活,进而满足自己不同的细分情绪。

回到商业世界,当消费的诉求是悦己而非娱人时,就必然要求品牌能够为消费者提供高浓度的情感链接,以抵御消费主义被诟病的符号陷阱和无尽物欲。传统上采用大数据和算法来描绘用户画像、分析消费者心智,继而制定营销策略的方式必将走到尽头,甚至会对消费行为产生反作用力。消费者本身处于动态的变化中,在不同的时空,面向不同的服务类型,其状态、行为方式与需求都会有所不同。在经营消费者关系时,品牌需要主动将消费者生动且复杂的人格从数据标签中解放出来,更多地关注消费者立体且丰满的真实需求,并在持续的自我革新中为消费者提供阶段性的精神支持方案,而非固守不变的品牌主张。

时代激流之下,人与人、人与机器的情感链接被赋予新的意义,情感与商品相互建构,消费与情绪互相激荡。因此,品牌与消费者重构共情将成为商业创新的机会点。

未来商业决策由谁来做?

1996年,美国学者尼古拉斯·尼葛洛庞帝(Nicholas Negroponte)

数字未来：文化创意与明日商业

被《时代》周刊列为当代最有影响力的未来学家之一。在代表作《数字化生存》(*Being Digital*)中，他极具前瞻性地洞见了数字技术对人类生活的影响，以及人们在数字化世界中的生存状态。互联网技术为人类推开了数字化生存的大门，并逐渐从工具实践的层面不断发展为社会运行的底层逻辑。从工作到娱乐，从购物到社交，人类生活的每一个方面都在比特与原子的此消彼长间改变了传统的样貌。数字技术的广泛应用和发展迭代使社会生产效率普遍提高，催生了平台经济、共享经济、订阅服务等在线商业模式，造就了一众互联网商业帝国。

商业活动的数字化转型，先后经历了数据化和智能化两个阶段。在数据化阶段，从画像、身体、位置、行为、情绪与心理、人际关系到社会评价，消费者的每一个维度都被数据化。平台通过收集海量的消费者信息、浏览记录、消费习惯以及行为偏好进行数据提炼与整合，为消费者提供定制内容，以刺激消费者购买。在智能化阶段，数据与信息被加工为机器可以理解的知识，消费者进一步被各种各样的算法读懂，被无微不至的AI关怀，被眼花缭乱的机器取代做决策。发展至此，商业公司大多在向跨界服务公司演变，产品只是解决消费者需求的工具和载体。

正如尼葛洛庞帝所说，"人类的每一代都会比上一代更加数字化"。极目远眺，在智能化商业高度发达之后，以用户情绪驱动、

第四章　万象：数字文创的商业探索

人工智能代理决策的C2A2B[①]模式或将成为主流商业模式。新的技术生命不断涌现和生长，先进的技术帮助商业创造和实现更多可能性，伟大的商业将致力于守护人之为人的本真，但对人而言，更重要的是活出人该有的样子。日新月异的商业模式兜兜转转，最终还是会回归到人的本身。既是顺理成章，亦是理所当然。面对眼前徐徐铺展的虚实融生图景，在踏入真假难辨的赛博世界之前，认清自己、理解自己是人类永恒的追求。

---

① C2A2B（Customer to AI Agent to Business），即消费者到AI代理到企业的商业模式。这一模式以消费者为中心，消费者的需求和意愿在交易过程中起主导作用。同时，消费者的决策将受到AI代理的极大影响，未来的商业营销层面或将出现针对AI代理的专项策略。

第十七节 共益：能解决多少社会问题，就能收获多大增长

1999年，约瑟夫·派恩（B Joseph Pine II）和詹姆斯·H. 吉尔摩（James H. Gilmore）在《体验经济》（*The Experieme Economy*）一书中指出，无论消费者还是企业，都尽力节省花在产品上的钱，转而拿去购买他们认为更有价值的服务体验。这就是为什么很多产品价格越来越低——它们被"初级产品化"了。初级产品化意味着产品差异消失，利润微不足道，吸引消费者购买的方式只能是降价、降价再降价。

这个洞察似曾相识，一如看到当前国内商业品牌之内卷现状。比如在宣传营销层面，愈发成熟的数字技术手段推动商业营销呈现出与以往不同的科学性和预见性，但这也让许多品牌陷入了过度追求流量效果和数据转化的陷阱。在新产品开发层面，大量品牌针对爆款和热点进行复制和模仿，遍地是"跨界联名""IP授权"。长期同质化的饱和式营销，容易使消费者产生认知疲劳，甚至会起到反

向营销的作用。随着互联网注意力红利日渐式微，品牌想要冲出重围越来越难。

避免内卷的道路有很多种，效法社会化企业"利成于义、商业向善"的思路不失为一条良策。效法社会化企业，并不是说让公司转型为社会企业的组织形态，而是让商业创新的起点、动力和目标立足于社会转型期间产生的诸多新兴问题，使公司价值主张与各类不同群体的深层次需求产生共鸣，以此为基点不断提高其文化产品供给能力。简而言之，你能解决多少社会问题，就能收获多大增长。

ESG：从全球风向到实践争议

2024年是ESG①[由环境（Environmental）、社会（Social）、治理（Governance）三个词首字母组合而成]概念正式提出20周年。ESG被视作一种企业社会责任倡议，也是一种责任投资理念和企业评价标准。在监管机构、非政府组织、行业协会、投资机构和学术团体的共同推动下，ESG运动以规范企业治理为名义，通过ESG评

---

① 2004年，经联合国全球契约组织（Global Compact）协调，来自9个国家的24个金融机构共同发起、撰写和签署《有心者胜：连接金融市场与变化中的世界》（*Who Cares Wins——Connecting Financial Markets to a Changing World*），其中正式提出ESG概念。

级和信息披露要求,强制或半强制企业在环境保护和社会责任履行上付诸行动。在20年的时间里,ESG运动从联合国发起的一项企业社会责任倡议逐步发展成一种全球企业治理实践。

世界各国监管机构及证券交易所先后制定相关政策,加强上市公司的ESG信息披露管理,促使其成为评价企业可持续发展和社会责任的世界通用体系。从全球范围来看,整体发展趋势正从鼓励自愿性信息披露向"不披露即解释"的半强制信息披露过渡,最终将转向完全强制的信息披露[1]。从ESG落地应用角度来看,海外市场已经形成了ESG信息披露标准、ESG评估评级方法和ESG投资实践三位一体的ESG生态体系。其中,ESG信息披露是前提条件,ESG评估评级提供了具体方法论,二者共同为关注社会责任的投资者提供明确的投资信号,是一个互相衔接、不可分割的整体。

随着ESG生态体系的不断发展,ESG评级和ESG基金如雨后春笋般涌现,国际顶尖高校开设ESG和社会创新相关硕士课程和研究项目,多家会计师事务所对ESG人才开出超10万元的月薪。诸多现象表明,ESG确实站在了风口之上。面对如此欣欣向荣的景象,业

---

[1] 2022年11月28日,欧盟理事会正式通过了《企业可持续发展报告指引》,在ESG信息披露的范围、要求和标准方面做出了更严格的规定,成为欧盟范围内ESG信息披露的核心法规。2024年2月8日,中国上交所、深交所和北交所同时发布《上市公司自律监管指引——可持续发展报告(试行)(征求意见稿)》,不仅制定了更加明晰的ESG信息披露框架,还扩大了强制披露ESG报告的范围。

内和媒体关于ESG生态体系的争议和反思却越来越多。近几年在美国掀起的抵制ESG运动风潮，更是将对ESG的批评推向高潮。

反对者批判和否定ESG的理由多种多样，但其中的焦点问题是对ESG信息披露标准和评估评级方法的质疑。随着环境变化与社会议题演变，ESG的标准筛选越来越广泛和复杂，世界各监管区域的可持续信息披露标准百花齐放。在具体的评级实践中，长期缺乏对格式规范、指标体系、操作步骤等具体内容详细、可参考的披露标准说明，造成企业披露形式多样，缺少量化指标，信息结构化难度大，ESG关键议题的数据可靠性低，整体可比性差。在缺乏监管规范和披露方信息公允度不足的情况下，ESG数据披露常常出现"多定性描述，少定量指标，多正面报道，少负面问题"的情况，负面问题一般不会及时在信息披露中出现，相关数据严重滞后。坊间权威的ESG评级机构提供的评级方法貌似公开透明，但在执行层面存在大量暗箱操作的空间，不同评级机构对同一家公司可以产生完全不同的评级结果[1]。更有甚者将ESG视为意识形态和话语竞争的工具、党派间政治斗争的筹码[2]，这使得关于ESG的辩论充满争议和炒

---

[1] 复旦大学中国金融法治研究院团队在2020年的Wind、华证、富时罗素、商道融绿、彭博披露评分结果中，筛选出获取有效评分结果的605只股票，并将所有评分结果归一化到1～10分，计算任意两个机构评分结果相关性，统计显示平均相关性仅为0.39。

[2] 在美国，关于ESG的讨论已逐渐演变成民主党和共和党的意识形态斗争，偏向自由派的州政府希望增加将ESG因素纳入考量的投资，而偏向保守派的州政府则试图将ESG投资排除在外。

作的迷思。直到2023年6月26日，国际可持续准则理事会（ISSB）发布了国际可持续信息披露标准IFRS S1和S2的正式文件，ESG才有了首个全球统一的标准。

当ESG成为风口后，全球企业竞相追逐也就不足为奇了。但平心而论，要求企业兼顾环境、社会、治理三者并且同时保持获利难度太大。一个问题解决了，却会引发另外两个范畴下的新问题。有人评价："ESG运动一定程度上已经偏离企业正常的生产经营行为，开始演变为人类对未来美好生活的追求的宏大叙事，道德绑架的色彩和意味渐浓。"我们不否认ESG的重大意义和美好价值，但也应承认ESG生态体系中的概念、标准、价值、行为、奖惩措施等相关表述皆在流动的演变中。

由于ESG理念的提出与我国现阶段提倡的高质量发展、乡村振兴、共同富裕、发展新质生产力等顶层设计具有高度一致性，因此关于ESG的研究和实践在引入中国之后，被赋予了新的理念内涵和体系特征。伴随越来越多的机构接纳和认可ESG理念，中国的泛ESG公募基金产品数量和规模均在过去两年迎来爆发式增长。据统计，目前约有四分之一的A股上市公司发布了ESG报告，披露率正持续上升，ESG整体绩效稳步增长。当然，国内ESG实践同样存在野蛮生长的问题。许多中小企业管理者缺乏ESG相关专业知识，往往是碰到强监管后才认识到风险。而在企业从无到有地建立起ESG治理体系之后，却又会出现无事可做的情况。据说国内有超过90%的企业，只把ESG治理当成文案写作和品宣手段。问题的根源就在于企业缺乏对其社会价值和责任担当的正确认识。企业ESG报告中通常充斥着"气候议题、循环经济、科技普惠、多元包容"等宏大叙事，但这些目标过于高远，既看不到实现路径和投资回报，也看不到对公众的实际价值。真正的ESG实践并不是喊口号和写报告，企业应充分考虑中国国情、行业特点，再根据自身的组织能力、商业模式和未来战略定位，确定与企业关键业务相关程度最高的ESG实践。

从ESG在中国到中国式ESG，中国式现代化目标下的ESG强调以人民为中心，追求企业竞争力提升与社会共同进步的有机统一，致力于企业与社会目标的共同实现，这是中国式ESG和企业形成良性共振的关键。必须运用社会责任的思想、理念、方法、工具对企业运营的任务和活动进行重新、彻底的审视，从项目成果收益中增进企业对履行ESG的认同，增强企业主动履行ESG的情怀，重塑符合中国国情的ESG，提升企业价值的创造方式。中国式ESG倡导的是价值理性主导下的共生共益逻辑，企业需要从与公众利益密切相关的社会场景中主动寻找ESG理念落地的方向，以实际行动积极回应社会民生热点，于业务细微之处落地革新。付出的固然是成本，得到的却是新的商机。

SDGs：数字社会的可持续发展议程

虽然历史上地球曾经历过多次重大的环境变化，但在过去的近一万年里，地球的自我调控和复原能力保障了人类有序发展所必需的条件，人类文明在这段时期出现、发展和繁荣。工业革命以来，人类活动对自然的利用速度逐渐超过了地球的再生速度①，导致生态系统退化，并将地球推向生态超载的临界点。由于对化石燃料和工业化农业的过度依赖，人类活动已经达到了足以严重破坏地球理想系统的程度，正在给全球许多地区带来肉眼可见的影响，如极端天气频发。这是人类以前从未见过的全球性气候变化，其中一些变化在未来数百年甚至数千年内都是不可逆转的。

为了回应这一重大挑战，2015年，联合国通过了致力于改变世界的17项可持续发展目标（Sustainable Development Goals，简称SDGs）②。作为《2030年可持续发展议程》的组成部分，SDGs呼吁全球共同采取行动，消除贫困，保护地球，改善所有人的生活和未来。其重要意义就在于扭转经济与社会发展过程中产生的负外部效

---

① 人类目前使用的资源比地球生态系统能够再生的资源多74%，即"1.75个地球"。
② SDGs由17项目标169项子目标230项指标整合而成，该目标涵盖了全球面临的共同挑战，包括贫困、健康、教育、性别平等、气候变化以及城市和基础设施等议题。

第四章 万象：数字文创的商业探索

应[①]，重新想象人与环境之间的关系，缔结新的社会契约。

在数字技术的影响下，原有的经济体系、文化体系和资源分配体系逐渐瓦解并重建，催生出一个以数字技术为运作规则的全新文明。人类对自身破坏地球的行为从自觉与反思，再到试图重建自然世界的微妙平衡，恰好与数字文明跃迁的窗口期重叠，可持续发展目标将不再仅仅是解除地球"生存危机"的一系列目标，它要求经济增长、社会包容和环境保护三大核心要素相辅相成地发展，更要求我们为建设一个具有包容性、可持续性和韧性的未来而共同努力。面对如此广泛而又复杂的"灰犀牛"[②]现象，SDGs 帮助我们描绘了一张承载着世界各国人民希望、梦想、权利的蓝图，其中有关人文、社会和治理领域的议题更是能够为企业指明未来发展的方向和隐藏的商机。

---

① 负外部效应（Negative Externality）是指某些经济活动或行为在没有适当补偿的情况下，对第三方或社会整体造成的不利影响。这些不利影响没有在市场交易中得到充分反映，因此市场机制无法自动调节以解决问题。成语"城门失火，殃及池鱼"就是现实生活中负外部效应的一种体现。

② "灰犀牛"被用来描述那些发生概率高、影响巨大，但往往被忽视的潜在危机。这个概念是由美国学者米歇尔·渥克（Michele Wucker）在2013年达沃斯论坛上首次提出的，后来他在2016年出版的《灰犀牛：如何应对大概率危机》（The Gray Rhino: How to Recognize and Act on the Obvious Dangers We Ignore）一书中进行了深入阐释。灰犀牛理论的关键在于应对风险而不仅仅是识别它们，大多数人知道潜在的风险是什么，但关键在于是否采取行动。

消除贫穷和减少不平等：消除一切形式的数字难民

在现有文献中，数字难民①通常指那些出生于数字时代之前的老年人群体，他们主要因为不熟悉或无法适应新技术而被排斥在数字社会之外。如果撇开年龄因素，而将数字难民定义为受困于数字技术的人，就会发现，相比于年龄型数字难民，权利型数字难民数量更加庞大，其受困情形更加复杂多样、隐秘难辨。比如被困在追求时效算法系统中的外卖骑手，又比如受个性化推荐导致的消费诱导、大数据杀熟等现象影响的消费者。再往长远点看，数字技术的快速变化可能导致即使是数字原住民②也难以跟上最新的发展，从而在某种程度上成为"未来的数字难民"。SDGs要求各国增强所有人的权能，促进他们融入社会、经济和政治生活，而不论其年龄、性别、种族、出身、宗教信仰、经济地位或残疾与否。消除贫穷和减少不平等固然是人类发展历程中最困难的议题之一，但也蕴藏着

---

① 在现有文献中，数字难民（Digital Refugee）是一个相对于"数字原住民"和"数字移民"的概念，起初是指那些出生于数字时代之前的老年人群体，他们主要因为年龄原因而被排斥在数字社会之外。从更广泛的维度上来讲，即使那些熟练使用智能设备的普通人，也可能无法摆脱数字技术的控制而沦为数字难民。

② "数字原住民"（Digital Natives）这一概念最早由教育游戏专家Marc Prensky在2001年提出，指的是那些在网络时代成长起来的一代人，他们从小就生活在一个被数字技术包围的环境中，并习惯于使用信息技术进行交流和人际互动。这一代人通常对数字工具、移动终端、社交网络非常熟悉且重度依赖。

商业产品与服务在"多元、平等与包容"上的创新机遇。比如，解决年龄型数字难民问题可以从改善基础设施、设计和生产辅助技术设备、开展教育和培训项目以及提供非数字化的替代服务等方面着手。而解决权利型数字难民问题则有可能开启合规算法开发、算法伦理审计、人工智能监管等新兴商业赛道。

优质教育：提升全民数字素养与技能

专业技能过时的速度正在不断加快，全民终身学习将成为长期趋势。根据IBM商业价值研究院的观察，过去专业技能的半衰期为10~15年，这意味着每过10年，这些技能的价值就会下降一半，或者这些技能的相关知识就会有一半落后于时代。而现在，技能半衰期仅为5年甚至更短的时间。在这种趋势下，未来的问题不再是缺乏劳动力，而是缺乏具备适当技能的劳动力。为了应对不断涌现的新技术带来的影响，提升全民数字素养与技能成为当务之急。重点内容包括强化人们的信息获取和处理能力，即能够有效地搜索、筛选和评估网络信息；有效利用数字工具和平台进行沟通和合作的数字交流能力；熟练运用数字工具和技术创造内容的数字生产能力。同时，数字安全意识也是数字素养的重要组成部分，要求个体能够识别和防范数字安全风险。最后是提升数字化问题解决能力，即能够运用数字技术解决实际生活和工作中的问题。

体面工作和经济增长：个体、企业与政府的应对

虽然企业面临的最大威胁是人才短缺，但在就业者看来是另外一番光景。在中国，每年有超过1000万名大学应届毕业生走向社会。他们既要带着大多已过时的技能在社会上激烈竞争，又要面对来自人工智能对传统就业机会的取代。由于知识积累与社会实践的不足，应届毕业生在人工智能创造的新职业竞争中毫无优势。个体需要注重持续学习和技能更新，更多地通过非学历教育和专业技能培训来提升在职场上的竞争力。企业需要适应和支持远程工作、永续访问、跨职能部门和组织边界运营的灵活团队等新的工作方式。通过构建以价值交付为中心的敏捷型团队，利用短周期的迭代来适应不断变化的环境和需求，未来的企业管理咨询也将与现在完全不同。政府需要制定和执行推广可持续旅游的政策，通过科技赋能促进地方文化和产品的传播，以创造就业机会。在较长的时间里，文旅产业依然会是地方经济增长的关键抓手。

可持续城市和社区：数字化的未来

立足当下，加强包容和可持续的城市建设，营造富于参与性、安全性和无障碍的人类居住区，将进一步推动城市更新和乡村振兴工作的深入开展。

城市更新是新的经济、社会、政治需求对既有城市空间的改

造,是一个新的"空间生产"过程。在后房地产时代,大多数城市将停止向外扩张,并转向内部的更新和调整。"修旧如旧"是对历史文化遗产的敬畏和共享,可以构建本地人对城市文化的认同感,也可以为公共记忆寻觅最好的承载方式。"数字焕新"是面向未来城市景观的升级和共情,可以打造虚实融合的社交商业平台,让公共空间成为承载数字想象力的绝佳载体,并通过引入文商艺旅融合业态为街区注入源源不断的生命力。

乡村振兴是对农耕文明的传承,对乡村文化遗产的保护,对乡土文化生活的重建,是乡村产业、人才、文化、生态和组织的全面振兴。在中国文化产业赋能乡村振兴的社会实践浪潮的推动下,大批乡村通过持续不断的对接帮扶和投资兴业实现了软硬件迭代升级,乡村的功能作用、产业形态、人口结构、村庄布局等亟须深刻调整,仅仅依靠大兴土木的基础建设或是拆地建房的设施提升是不能解决问题的。未来乡村振兴的导向将更多地从建设转入运营,从物理空间和生活空间的景观改造转入精神空间和乡村资产的创意管理。在创意设计和科技创新的支持下,对乡村无形资产和创意资本的运营,有利于实现文化经济与乡土自然相得益彰的可持续发展。

ESG营销:用好品牌的"第二张财报"

可持续发展,是继数字化转型后人类可拥抱的最大创新机遇。

无论ESG还是SDGs，概念本身并不新鲜，重要的是这些概念的兴起标志着社会正在走向一个商业向善的转型时代。企业是社会的重要器官与组成部分，是未来社会转型的关键要素之一，将社会问题转变成商业问题，并通过企业行为来解决。

近年来，ESG成为衡量企业可持续发展前景的新标尺，即使面对不绝于耳的争议与质疑，全球头部企业仍然主动拥抱ESG。在政策导向中，ESG信息披露从自愿性逐渐走向强制性，这是大势所趋。在资本市场中，ESG报告被称为企业的"第二张财报"，以回应各方对非财务信息披露的要求。在消费者偏好方面，ESG这一概念日益得到社会大众的关注，成为品牌营销的重要议题。当然，企业践行ESG并非仅仅为了满足监管、金融和营销的需求，它还是企业构建未来核心竞争力、奠定可持续发展基础的关键所在。这不仅考验企业自身平衡业务增长与社会价值输出的能力，更考验企业颠覆已有模式与商业逻辑的创新能力。

历经多年理论与实践探索，ESG的概念早已褪去神秘的面纱。ESG营销不仅是上市公司的选择，也必然成为所有商业品牌的必修课。ESG营销，一如ESG本身的发展，本质上属于长期主义议题。技术和营销的创新与整合，有机会创造从善中成长的新商业动能。ESG营销要依托真实，而非故事；借助情绪（与消费者产生共鸣），传递态度（品牌价值观的正向宣传），这样才能用好品牌的"第二张财报"。

依托真实，而非故事

传统的ESG营销就是讲故事。通过有感染力的故事和口号，化冰冷的财务指标和技术语言为鲜活的个体形象，从而完成与受众之间更有效的沟通，激发受众的强烈认同感。然而，许多企业的ESG营销仅仅停留在讲故事阶段。因为践行ESG意味着额外的成本支出，这对企业而言是反商业直觉的。讲一个漂亮故事或者喊一句响亮口号当然是很容易的，但如果能把ESG理念渗透到实际的产业周期里，就能真正地助力品牌的长线发展。

先行者如星巴克，它在2018年便启动了增强绿色化零售倡议。该倡议重点关注改善能源使用效率、提高可再生能源占比、保护水资源和减少废弃物等。从建立旨在推动公平贸易和提高咖啡种植者收益的绿色供应链，到开设全方位探索绿色低碳零售新生活方式的环保门店，星巴克将ESG营销的议程深深地植入品牌基因中，有望成功转型为对自然资源回馈多于使用的资源积极型企业。通过开发可持续的产品和解决方案，品牌不仅在对消费者的营销沟通方面更具说服力，还可以在降低运营成本和增强市场竞争力方面获得优势。企业ESG实践与ESG营销相映成趣，构成一套自洽的体系，也将与消费者建立起更富感染力的情感链接，充分延展故事的想象空间。

传递出态度，而非人设

有种观点认为，"品牌如人"是打造品牌的最高境界，即一个成功的品牌应该像一个真实的人一样，有自己的形象、个性、情感、态度，有自己的生活方式和价值观。在激烈的市场竞争中，品牌希望以更具人情味的姿态融入消费群体中。因此，塑造品牌人设成为打动消费者的捷径。典型者如故宫文创的"卖萌"人设。故宫文创从2013年开始解锁诙谐幽默中透着新奇的戏精型品牌人设，让大家看到了古代皇家文化接地气的一面，自此圈粉无数，爆款不断，这个600岁的老字号也一跃升为新晋网红，让大众开始重新认识品牌人设的力量。除此之外，企业创始人的个人形象也是品牌人设的一种。如乔布斯之于苹果，马斯克之于特斯拉，雷军之于小米，董明珠之于格力，消费者会把自己对企业家的态度和情感投射到企业产品及品牌上。品牌人设作为品牌文化的载体，因具有人格化的特征而可以获得消费者的信任与共鸣，但也会因此而颠覆消费者的认知和感受。

品牌人设为品牌定下基调，反映品牌与消费者建立何种关系、满足消费者什么渴望的初衷。品牌应按照人设行事，说符合人设的话，做符合人设的事。如果品牌行为与其人设不符，消费者就会觉得违和，品牌营销就会翻车。品牌人设是把双刃剑，一旦塌了，维护成本就会随着时间呈指数级增长。与其立人设，不如讲态度。品牌态度是品牌对社会情绪的洞察和回应，是品牌对自身价值的肯定

第四章　万象：数字文创的商业探索

和坚守。过于完美的品牌人设容易倾覆，表里如一的品牌态度输出才能最大限度地延长品牌生命。

着眼于细微，而非泛泛

20世纪70年代初，美国广告人艾·里斯（Al Ries）和杰克·特劳特（Jack Trout）提出营销史上最富有创见的新概念之一：定位（Positioning）。当时的广告界有几位具有深远影响力的创意大师，其中罗瑟·雷斯（Rosser Reeves）崇尚以卖点取胜的独特销售主张（Unique Selling Proposition，简称USP）[1]，大卫·奥格威[2]强调广告都是对品牌形象的长期投资，李奥·贝纳[3]的广告哲学是通过创意发现产品与生俱来的戏剧性。实际上，他们的关注点都是产品。定

---

[1] USP理论强调广告需要有一个明确的、独特的销售主张，即产品或服务必须有一个显著的特点或优势，这个优势是竞争对手所不具备的，并且能够给消费者带来明确的好处。瑞夫斯倡导的是实效广告，他认为广告的最终目的是促进销售，广告内容应该基于事实，直击要点，避免无关的创意干扰消费者的注意力。

[2] 大卫·奥格威（David Ogilvy）被誉为"现代广告教皇"和"品牌形象之父"。他创办了奥美公司（Ogilvy & Mather），并将其发展成全球最大的广告代理商之一。他的著作《一个广告人的自白》（Confessions of an Advertising Man）是广告界的经典之作，影响了无数广告专业人士。

[3] 李奥·贝纳（Leo Burnett）是美国20世纪60年代广告创作革命的代表人物之一，是李奥贝纳广告公司（Leo Burnett Company, Inc.）的创始人。他认为广告人的责任是发掘商品的内在特性并将其有效传达给消费者，他的广告创作成就了许多著名的品牌，他被《时代》杂志评选为20世纪100位最有影响力的人物之一。

位理论与之不同,它并不是定位在产品上,而是将目光瞄准潜在顾客的心智。成功的品牌定位不单是发掘产品的独特性,还要给消费者输出"你买我,你就会成为什么样的人"的观念。不过,在本土化实践中,定位理论中"用一种最简单清晰的方式表达复杂产品"的理念,被曲解为高度重复且缺乏创意的洗脑式宣传手法。随着时代发展,传统的消费者对暴力宣灌型广告表现出极大的抗拒,新生代消费群体更是对品牌营销产生了免疫力。

在新的经济周期里,固本与应变成为企业必备的生存策略,提升韧性与降本增效成为商业核心的经营主张。我们需要尊重经济规律,关注消费趋势,努力让自身的产品和服务更具生命力和影响力,为消费者提供希望,而非忽悠消费者。尤其是在ESG营销层面,很多企业动辄将品牌主张上升至爱与环保、奉献和慈善等价值高度,殊不知,在这个人人都能表达自我情绪和观点的时代,宏大而又抽象的品牌定位很难打动消费者。当前的品牌定位,不是品牌自说自话,而是消费者赋予品牌的定位。品牌要找到一种新的与消费者平起平坐的沟通方式,思考如何让每一位具体的消费者感受品牌,如何由虚向实地传递价值和彰显文化,如何由内而外地建立情感链接和用户共创。问题即答案,这些都是当前ESG营销必须思考的问题。

第五章

灵境：数字文创的明日想象

元宇宙：下一个超级数字场景
数字伦理：在当下与未来之间
人文经济学：可持续的商业创新

第十八节　元宇宙：下一个超级数字场景

科技浪潮，滚滚向前。每隔一段时间，新的技术应用和概念故事就会涌现，每一次都能激起关注者的狂欢，如同循环涨落的潮汐，周期性牵引着社会的发展，也刷新着时代的记忆。2024年，硅谷巨头们仍在继续高额押注人工智能，或主动或被动地卷入百亿甚至千亿参数的AI大模型"军备竞赛"中。互联网上关于元宇宙的讨论和关注度早已被稀释，曾经风光无限的潮流热词，已然从街头巷尾的造富畅想变成了人气不在的陈词滥调。舆论高地上的"顶流"伴随着技术演进的不可预测性而常换常新，人们目睹一波又一波风口追逐者登场、离场，焦虑在行业内传递，但创新很难自焦虑中产生。

溯源：艺术幻想与技术具现

"元宇宙"的概念最早兴起于文学作品，当前业内和学术界

第五章 灵境：数字文创的明日想象

尚未给出一个足够权威的定义，更不用说科学化、标准化、共识化的技术体系了。1981年，弗诺·斯蒂芬·文奇（Vernor Steffen Vinge）在科幻小说《真名实姓》（*True Names*）中，创造性地构思了一个通过脑机接口进入并获得感官体验的虚拟世界Other Plane，这也成为公认的元宇宙思想源头。1984年，威廉·吉布森（William Gibson）的赛博朋克奠基之作《神经漫游者》（*Neuromancer*）在此基础上首次提出了"赛博空间"（Cyberspace），这个概念后来被用来指代"数字媒体、网络信息技术与人深层交互后所营造的数字化虚拟空间"。在传统科幻小说中，我们可以看到自然和人工之间、人类和机器之间的张力，但是人类始终占据中心地位，处于较安全地带。赛博朋克则相反，它将这种稳定性和中心地位完全摧毁。赛博朋克建立在悖论之上：高端的科技和低等的生活、富有的企业和贫困的难民、繁荣的社会和破败的社区。艺术幻想与技术想象在科幻小说中的结合，不仅能够帮助我们更为直观地感知"元宇宙"这一抽象概念并对与之相关的前沿技术形成概观，也使技术背后隐含的伦理困境和社会挑战获得了某种超前性和预见性，从而为未来的元宇宙理想化建构提供可能的参考方向。

现有文献对元宇宙的溯源大都定在了1992年。美国科幻小说作家尼尔·斯蒂芬森（Neil Stephenson）在当年推出的科幻小说《雪崩》（*Snow Crash*）中首次提及了元宇宙，并将其刻画为一个与现实世界平行并立的三维数字空间，人类可以通过数字化身游走于虚拟世界。2003年，广为流行的网络游戏《第二人生》允许用户创建可以互动的数字化身,以及用真实货币购买虚拟物件或打赏,这被视为元宇宙从想象到实现的初步尝试。此后元宇宙的影子在各种影视作品和电子游戏产品中反复出现,赋予了其更为清晰的视野。在此基础上,甚至产生了对数字本质的探讨和对人类本身是否真实[①]的进一步推论。直到2021年,随着元宇宙第一股罗布乐思(Roblox)的上市,扎克伯格宣布将Facebook公司改名为Meta公司,众多科技巨头与投资者高调入场,彻底引燃了元宇宙热度,这一年也被称为元宇宙元年。肇始于艺术幻想的元宇宙终于在扩展现实、区块链、云计算、数字孪生等新技术的推动之下具象化了。

目前,"元宇宙不等同且不局限于游戏"的认识已成各界共识,但沉浸式游戏化产品仍是未来较长一段时期元宇宙的集中发力点。社区社交、虚拟偶像、AI视觉技术等行业已经开始抢占元宇宙"快车"上的席位,也带火了背后一系列产业的发展。在元宇宙生态体系中,包括AI芯片、高端传感器、触觉设备等在内的智能硬件既是研发密集投入的方向,也是产业链上增值效应最大的环节,居于元宇宙"金字塔"的顶端,但高端硬件领域进入门槛高,技术积累周期长,是短期内难以占领的技术和产业"高地"。迄今

[①] 2003年,英国哲学家尼克·博斯特罗姆(Nick Bostrom)发表论文《我们是否生存在计算机模拟中》(*Are You Living in a Computer Simulation?*)。论文提出了一个著名的假设:如果一个文明的技术足够先进,它就有可能创造出无法与现实区分的模拟现实。在这样的模拟现实中,模拟的居民可能不会意识到他们生活在一个由计算机程序控制的世界中。

第五章 灵境：数字文创的明日想象

为止，头部企业都没能推出真正意义上的爆款普及型终端产品。从市场角度看，受硬件设施价格昂贵、元宇宙应用场景和商业模式有限等因素影响，终端入口消费人群始终难成规模。从企业角度看，开发投入过高，难以实现收支平衡。创业企业难以找到合适的切入口，全线布局的巨头也难以承受元宇宙早期建设的资金和人力成本。因此，技术专家和产业界普遍做出了现阶段元宇宙技术落地、价值实现、市场成熟还为时过早的判断。2023年，曾经"All in"元宇宙的Meta发起"史上最大规模裁员"，谷歌元宇宙关键词搜索量下降80%，微软先后宣布终止其工业元宇宙项目Project Airsim和Project Bonsai，硅谷其他领军企业也纷纷撤出元宇宙战场。全球元宇宙业务收缩的动荡仍在延续，不可避免地释放出"元宇宙遇冷"的信号，进而影响元宇宙热潮的持久性。

想象是我们了解变动不居的未来世界的重要方式之一。作为一种关于宇宙与人类生存的叙事，元宇宙为我们提供了全新的逻辑起点，并为我们构造新的世界提供了丰富多元的可能。从宏观层面来看，元宇宙是一个由人类创造的与现实世界平行、映射、交互的虚拟世界。现实世界中的所有人和事都被数字化投射到云端的虚拟世界中，但虚拟世界又可以在很多方面影响和超越现实世界。此外，元宇宙并非只有一个封闭的虚拟世界，它允许多个虚拟世界同时存在。从中观层面来看，元宇宙被公认为继网络和移动互联网革命之后的下一代互联网典型范式，用户可以在虚拟世界中进行数字虚拟互动、虚实相融交互、虚实混融交往等新社交互动。从微观层面来看，元宇宙实现了多种新兴数字技术的融合，通过扩展现实技术和数字孪生技术的相融克服了时间与空间的限制，基于人工智能和物联网实现了虚拟人、自然人和机器人的人机融生，通过NFT保护了数字资产并实现了增值，允许用户自由编辑并获得数字资产所有权。

不可否认的是，元宇宙的未来必然会到来，但那注定不是发生于一夜之间的剧变，而是静水流深的生长。从曾经的抢先入局到如今的阵痛冷静，元宇宙发展态势更像是回归了理性。元宇宙的热度并未消失，真正消失的是围绕着它的炒作。步入深水区，恰恰是元宇宙产业持久发挥潜能的强力佐证。尽管现阶段元宇宙仅仅是一个雏形，仍然有许多硬性条件亟待完善，但很有可能它会在我们的建设中成为充满无限可能和希望的未来新世界。技术实现能力的不断提升将赋予元宇宙叙事更多的想象力和可能性，元宇宙最终会从文学作品建构的虚幻世界转变为产业现实的数智世界。

元宇宙富有想象力地描绘了数字技术给人类社会的发展进步所带来的充满无限可能的生活图景，展示出对于人类世界物理性、生物性、社会关系的全面虚拟化。正如哲学家大卫·J. 查尔默斯（David J. Chalmers）所认为的那样，广袤无垠、开放且可编辑的元宇宙空间不仅与现实联通，而且将获得与其对等的本体论地位。元宇宙的最终形态是将不同的虚拟世界互联互通，集合成一个具备新型社会体系的数字生活空间，运行同一套社会、经济系统。元宇宙像纽带一样将数字技术和现实世界、数字经济与实体经济彼此串联。元宇宙空间有可能成为与现实世界同等重要的生存场所，我们将在其中实现真正意义上的数字化生存。

遥望：文明演进与终极未来

对文明的衡量有三个基本维度，即技术、制度与文化。其中，技术是最重要的决定性评价标准。在上万年的历程中，人类文明的足迹遍及整个星球。按技术和由技术形成的生产方式来划分，人类先后经历了游牧文明、农耕文明、工业文明和数字文明，而元宇宙文明或将是人类社会向数字文明演进的新阶段。人类历史上以现实社会为基础的形态第一次面临高度虚拟化的颠覆性改变，人类文明再次站到了重大的历史选择路口。

"人类面前有两条路。一条向外，通往星辰大海；一条向内，通往虚拟现实。"中国第一位"元宇宙架构师"刘慈欣曾在《三体》中写下这样的论断。通往星辰大海的道路象征着人类对物理世界的探索和拓展，人类开展太空探索和星际旅行，在地球之外的星球上寻求新的生存空间，相伴于群星间。通往虚拟现实的道路则代表了人类对数字空间的深入挖掘和构建，人类以数字技术完成对大部分生活工作场景的虚拟替代，徜徉于元宇宙。

在浩瀚的宇宙中，文明不断地发展进化并对自然本身和未知世界进行探索和改造，这是文明演进的主要走向。早在1964年，苏联

数字未来：文化创意与明日商业

天文学家尼古拉·卡尔达舍夫（Nicolay Kardashev）就以一个文明对能源的利用程度作为星际文明的划分标准。按照这个标准，文明可以划分为三个等级：Ⅰ类文明可以利用所在行星和卫星的全部能源；Ⅱ类文明可以利用母恒星的全部能源；Ⅲ类文明则可以利用整个母星系的全部能源。目前，人类文明被认为处于0.728级文明，即我们还未能充分利用地球接收到的太阳能量。卡尔达舍夫等级（Kardashev Scale）提供了一个框架，用以思考和预测人类文明的未来发展和可能遇到的挑战。最近的研究成果证实，即使存在现实限制，人类也有可能达到Ⅰ类文明水平，不过可能至少要到2371年。数百年的时间对于个体而言过于漫长，我们也无法想象那时的人类文明到底是走向星辰大海还是虚拟世界，抑或二者殊途同归，共同发展。

相比星际文明的宏大叙事，元宇宙所营造的自由式创造、沉浸式体验、去中心化的生存状态，其实更接近于数字文创发展的未来图景。元宇宙是一个具有三维深度的开放性数字空间体系，是一个虚实结合的超级数字场景，实现了人类对于身心融合式文化体验的即时生产和消费。当前元宇宙仍处于行业发展的初级阶段，无论底层技术还是应用场景，与未来的成熟形态相比仍有较大差距，但这也意味着元宇宙在文化创意与科技创新融合的领域有巨大的拓展空间。在可预见的未来，元宇宙技术迭代将持续推动数字文创在内容开发、虚拟风尚、产业跨界的融合发展方面实现建设性探索。

第五章 灵境：数字文创的明日想象

内容开发：满足文化消费的极致需求

元宇宙技术想象力的释放，将使数字文创的内容创作和体验变得更加丰富和多元。创作者可以在元宇宙中创造出更具交互性和沉浸式的数字文创内容。这些内容不仅限于视觉和听觉体验，还包括触觉、嗅觉、味觉等，旨在打造高度拟真的全感官体验，为用户提供前所未有的参与感和个体沉浸式的极致体验。元宇宙更高精度的模拟技术进化，不但能够帮助人类感知虚拟世界，也能够帮助虚拟人、机器人感知现实世界。元宇宙下人机链接感更强，这些"睁开眼睛看世界"的赛博生命体或将助力内容开发从人机协同扩展到机器自生创意，毕竟谁也不知道下一个令你沉迷的作家，是不是机器人。

当然，元宇宙的虚拟体验仍旧需要大量人类内容创作者共同制作，这些丰富的场景需要通过一套与其相匹配的内容开发者生态与虚拟经济体系来维护运行。低代码和无代码的开发环境取代手动编码流程、逻辑和应用程序，将不断降低数字文创开发者内容创作的门槛。消费者自发的创意生产和创意劳动则进一步模糊了创意生产者和创意消费者的界限，使产消者通过深度参与内容生产在供需循环中实现即时互动的文化消费和精神体验。区块链技术的应用进一步推动数字资产和内容创作高度绑定，充分保障开发者的权益。这些变化不只是一种技术发展，更是一种社会变革。它们为数字文创开发者提供了新的商业模式和盈利途径，也将重新定义元宇宙数字文创产品的交易模式和商业形态。

虚拟风尚：引领数字潮流的创意表达

媒介技术的发展与时尚品位的生产流通息息相关。随着人们对未知领域的误解逐渐减少，数字世界中虚拟产品、服务和体验的真实性将成为人们日常生活的一部分。在数字文创的驱动下，元宇宙不断为用户塑造全新的个性感受和公共观念，人们固有的时尚潮流观念被不断冲击，新的数字风尚以超乎寻常的速度风靡又消散。元宇宙将发展为不同人群、不同文化观念进行数字化表达的重要枢纽。

从超级QQ秀到游戏人物皮肤，从修图软件到照片滤镜，人们的自我形象修饰与印象管理早已成为主流文化的一部分。在元宇宙中，用户可以不受传统角色、社会期望、标签的限制创建数字身份，通过多重数字身份游牧、定居于虚拟世界，参加虚拟社交、远程学习和在线工作等活动，不再受限于物理空间。数字身份不仅打破了现实世界的固有模式和生物局限性，其重要性和可信性甚至有可能远超现实世界中的自我。未来，全沉浸式虚拟生活的形成和自定义虚拟身份的普及，使人们能够在虚拟世界中建立新的社会关系和文化认同。虚拟世界流行的时尚也将成为年轻人表达自我风格和身份认同的方式，继而形成可以影响现实世界的社交规范和文化现象，带来更加多元的文化景观。

第五章 灵境：数字文创的明日想象

产业跨界：构建无界融合的超级场景

元宇宙为许多现实世界的产业转移到虚拟世界提供了丰富的机会。只有元宇宙的具体应用场景在衣食住行各个领域不断落地，才能培育一个健康、可持续、自演进、自发展的元宇宙生态系统。在发展前期，元宇宙会率先在游戏、娱乐、社交等文化消费领域广泛应用[①]。得益于深厚的受众基础、相对较低的应用构建技术要求以及成熟度较高的商业模式，元宇宙在提供数字文创体验的同时，不断实现技术迭代，提升跨平台通用能力，逐步赋能商业、金融、工业、交通等多个产业，促进虚拟经济与实体经济相融合，为人们的生产生活方式带来颠覆性变化。

当前元宇宙产业的发展还面临着技术成熟度和应用场景的挑战，其在产业端的跨界融合应用还需要进一步的技术突破和实践探索。对实体产业来说，融合数字文创的起点在于以虚拟技术赋能消费者注意力争夺和整合营销模式创新，进而推动现实产业与信息世界的全面互联与智能融合，最终实现数字经济与实体经济深度融合，让传统产业在元宇宙中找到新发展空间。

作为一种容器和环境，当前的元宇宙面临着概念上超前与技术

---

① 来自美国摩根·士丹利公司的研究报告显示，元宇宙很可能在未来几年成为社交媒体、流媒体和游戏的主流平台，潜在市场空间估计高达8.3万亿美元。

上相对落后的矛盾。面对技术前景未知的元宇宙，有人恐慌彷徨，有人奋勇激进。在元宇宙中，人类或将演进为与计算机相互影响、相互建构的"后人类"[①]。1960年，美国心理学家和计算机科学家利克莱德（Joseph Carl Robnett Licklider）发表了开创性的论文《人机共生》(*Man-Computer Symbiosis*)。利克莱德从未觉得人类会被基于计算机的东西所取代，他坚信人类将能够直接与计算机交互以增强自己的能力。这个涉及人类未来生活方式、工作方式和社会结构的深刻议题延续至今，关于其的探讨和争议不绝于耳。我们每个人都是人类文明与文化基因的传承者，也是元宇宙文明的创造者，更应当成为人类存在价值和意义的反思者。

对人类文明而言，未知虽然代表着危险，但也代表着希望。

[①] 后人类（Posthuman）是一个多学科概念，在哲学、文学、社会学、人类学和技术研究等多个领域都有讨论。这个概念主要涉及在技术进步和生物科学发展对人类生活产生深刻影响的背景下，对人类本质、身份和未来的重新思考。后人类理论探讨了人类与动物、机器、环境等非人类实体之间的关系，以及这些关系如何重新定义"人类"。

第十九节　数字伦理：在当下与未来之间

技术活动并不是孤立存在的，而是存在于社会关系范畴之中。关于技术在形成、开发和应用过程中涉及的人类价值规范、道德伦理和社会规范等系列议题，在每一次重大技术进步出现时都会引起广泛的关注与争论。今天，数字技术在重塑宏观经济形态与微观生产方式的同时，悄然改变着社会运行方式。正如克里斯多夫·库克里克（Christoph Kucklick）在其著作《微粒社会》（*The Granular Society*）中所揭示的，数字技术一方面冲击了过往的伦理制度、法律制度、数据保护制度、教育体系，另一方面模糊了人与机器的界限。数据、代码和算法越来越多地对人的认知心理和身心健康产生渗透和赋能效应。数字技术不断给现有社会生态和秩序规范带来颠覆性冲击和破坏，不仅加剧了科技对人类的自我异化、人与人之间发展的不平衡，还带来了对于碳基生命和硅基生命混合共生的新型数字伦理（Digital Ethics）的思考。

从现有研究来看，学术界针对数字伦理的研究还处于起步阶段，尚未形成整体性理论研究框架。当前学者主要从传播学的视角出发，在算法伦理、数据伦理、人工智能伦理和区块链伦理等重点领域开展研究，也有学者从不同层面对数字伦理问题进行系统的梳理与归纳，并有针对性地提出政策布局与制度设计建议。纵观前人的探索和思考，数字伦理的内容大致可分为四个层级（见表5-1）。

表5-1 数字伦理的层级和主要内容

层级	核心关注点	主要内容
个体层面	个体如何在数字社会中维护他们的权利和尊严	保护个人隐私、知情同意、生命和财产安全，以及公平公正使用数据产品的权利
组织层面	组织如何在利用数据和算法的同时维护道德和社会责任	组织如何在合法和合规的基础上采集和使用数据，如何解决数据泄露、算法歧视、算法垄断、算法滥用等问题
社会层面	如何确保数字技术为整个社会的福祉做出贡献	如何通过数字技术促进社会的普惠共享，防止形成数据鸿沟，如何制定和实施有效的数据和算法监管政策、伦理审查制度，以及处理关于多元主体和参与者的权责等问题
人类层面	如何使用数字技术来推进人类的进步，同时避免可能出现的风险和危害	如何通过数字技术保障人类社会的美好未来，促进全球数据共享，建立数据安全和协同治理机制，防止智能机器人反噬人类以及智能技术的整体失控

如前文所述，数字文创的本质是数字时代的文化生产和消费创新机制，其传播和应用会对个体、组织和社会产生深远的影响。数

第五章 灵境：数字文创的明日想象

字文创产品的开发并不是一个自我规定的客观进程，优先选择何种技术路线也暗含了隐而不述的价值选择。数字文创开发者必须考虑产品和服务可能带来的伦理影响，并不断评估和调整伦理规范，以期跟上数字技术快速发展的步伐。基于对数字文创实践与趋势发展的深入思考，未来数字伦理对数字社会的最大挑战或将出现在人与人、人与机器之间的伦理联结形态和权力关系格局方面。

人的危机：现实失真和群体异化

数字社会是由虚拟社会和现实社会有机融合的新社会形态。关于数字社会风险应对与治理的探讨，从互联网出现至今就一直是学界和业界关注的焦点。现阶段最重要的挑战出现在数字平权、数字安全等方面。在数字技术向社会公众赋权过程中，由于个体获取和运用数据信息的能力及水平不同，大众传播时代形成的"知识鸿沟"并没有因数字技术的发展而弥合，反而呈现扩大的趋势，转而变为信息领域的"数字鸿沟"。数字发展机会的不均等直接影响了社会阶层的流动性，公众和消费者有不断被边缘化为"数字难民"的风险。此外，全景式数字监控和算法分析导致个人隐私透明化，不仅带来了数字诈骗、算法剥削等现实问题，也催生了"数字利维坦"①。伴随数字技术日新月异的迭代,数字技术带来的失真与异化将成为我们不得不正视的隐忧。

从信息失真到身份失真

在数字技术的包裹下,你看见的信息一定是真实的吗?答案是不确定。2016年,牛津字典将"后真相"②列为年度词语,让我们注意到信息传播中真实性问题的严峻性。处于数字空间中的个体,倾向于寻找与自身观点、价值取向、目标利益相同的团体。人们以共同的兴趣爱好为基点,在数字空间中建构起各类网络社群。技术赋予了用户在网络中自由表达的权利,但也放大了其中的分歧和矛盾。相比于事实真相,真假参半的信息③因为更易于取

---

① 利维坦(Leviathan)原为《旧约圣经》中记载的一种象征着邪恶的怪兽。"数字利维坦"(Digital Leviathan)始于数字技术的异化,其形态不限国家,包含了所有的数据掌控者。谁掌握了数字技术,谁拥有了数据,谁就拥有了权力。
② 后真相(Post-truth)是一个描述现象和环境的概念,指的是在公共话语和政治辩论中,客观事实的影响力减弱,而个人信仰和情感的影响力增强的情况。在后真相时代,事实和证据往往不如个人信念、情感和个人体验那样有说服力。这种情况在近年来特别是在政治竞选和社交媒体的传播中变得尤为突出。
③ 单纯的虚假信息也许通过技术手段就能被用户识别,但现实中流传广泛的往往是真假参半的信息,如将一个准确的事实放在一个精心编制的错误语境下,或者在一张真实的照片上标注虚假说明。

第五章　灵境：数字文创的明日想象

悦和迎合用户而广泛流传，深度伪造①的信息进一步瓦解了公众信任，谣言和恶意信息在互联网和社交媒体平台上的扩散速度被极大地加快了，其影响力也被极大地放大。算法偏见、信息茧房（Information Cocoons）、回音室效应（Echo Chambers）、同质化的信息过载等信息窄化问题在社群中愈演愈烈，并在群体互动中使情绪升级，从而导致了群体间的对立与割裂。当对立双方存在明显情感抵触或相互厌恶时，便容易导致社会极化。苏珊·雅各比（Susan Jacoby）曾在《反智时代：谎言中的美国文化》（*The Age of American Unreason*）一书中指出，美国社会在传统媒体时代与新媒体时代均存在反智反理性的思想。但从见诸报端的种种由键盘侠带来的"网络暴力"来看，这一现象在新技术的加持下将变得更为普遍和严重。

　　按照尤瓦尔·赫拉利的说法，"在能够自己追求目标、自行做出决策的计算机出现之后，人类信息网络的基本结构就改变了。"虚拟现实的出现无疑极大地丰富了人类自我呈现以及社会互动的方式，同时使自我认知和人格形塑面临着更多的可能性。虚拟空间中的数字身份过滤掉了参与者在现实社会中的真实身份、真实性别、真实外貌形态和社会阶层等关键信息，呈现出表演性、多元性、伪

---

① 深度伪造（Deepfake）技术是一种利用深度学习算法，特别是生成对抗网络（GANs），来生成或操纵音频和视频内容的技术。这项技术能够将一个人的面部特征"嫁接"到另一个人的身上，或者模仿特定人物的声音，从而创造出看似真实的伪造视频或音频。

装性、匿名性、逃避性等特点。研究表明，在这种过滤掉真实社会环境信息的虚拟互动中，参与者的"个体性自我意识"将强化，"公众性自我意识"会降低，这意味着参与者往往表现出"高水平的自我暴露"和"低水平的社会愿望"。人们可以根据不同场景构建完全不同的数字身份进行自我呈现，多重身份随时进行叠加和转换，美化后的自我与真实自我形成强烈反差。任何一个现实生活中的普通人，都可以在虚拟世界拥有充满奇幻色彩的虚拟身份，或者在不同的社交网络中展现不同的面貌。人们以不同形象和角色频繁置身于虚拟世界，会不会带来主体性的丧失或人格的分裂？高环境拟真技术的发展使得虚拟互动越来越脱离现实环境和生物对象，智能机器人、虚拟生命体开始加入虚拟互动之中，现实互动中的情感孵化、人文情怀变得日趋淡薄，人们对于真实与拟像难以判断，沉湎于虚拟世界之中的人陷入受幻想和幻觉支配的无所依凭的状态之中。

从媒介异化到人的异化

"异化"一词更高程度上指的是人成为技术的附庸。数字媒介诞生之前，人类依靠阅读和理解来感知世界，接受知识的主要方式是读和写；数字媒介诞生之后，人类依靠感官和体验来感知世界，接受知识的主要方式转变为看和听。当前，数字媒介凭借极强的便携性和沉浸性，打破了印刷媒体时代的慢节奏。长篇巨著被拆解为

第五章 灵境：数字文创的明日想象

碎片化读物投喂给受众，深度思考的空间被抽离。影视内容的倍速浏览成为常态，数字媒介只负责提供形象内容和情感激荡，人们无心亦无力去投入时间、精力去理解和消化信息。五光十色的虚拟世界使人感官沉溺，早晨地铁人海中挤满了仿佛与世隔绝的"低头族"，午夜寂静房间里的屏幕蓝光映照着年轻的失眠面孔。

虽然现在虚拟世界的呈现技术和介入方式尚不够真实，但它已经改变了人们的交流方式，使得人与人之间的互动越来越依赖数字平台。这种变化正在不断冲击现实生活中的社会关系，影响个体的社交技能、社会归属感和情感链接。越来越多的人习惯于在赛博空间里维持亲密的数字关系，却在现实世界中疏亲慢友。在无所不能的虚拟世界里，人们仍然会寻找安全感、归属感、个人价值和自我追求，以及探讨各种形式的愉悦和满足，这些都是人类基本需求的一部分。虚拟世界为人们提供了一个低门槛、高刺激的技术环境，在那里我们可以以极低的经济成本实现现实世界可能因资源、能力或条件限制而无法实现的梦想。精心设计的虚拟体验带来持续的日常互动，进而导致人们对虚拟世界的技术耐受和生理依赖。选择"赛博迁移"的人在离开虚拟世界后通常会变得无所适从，产生类似于"安泰效应"[①]的反应，严重时还会使人丧失在现实世界里正常

---

① 安泰效应（Aetna Effect）是一个心理学概念，源自古希腊神话中的大力神安泰，他的力量来源于与大地的接触，一离开大地，他就会失去力量。这个概念被用来比喻一旦脱离了某些必要的条件或环境，个体就可能会失去某种能力或效能。

生活的能力。

对于不断壮大的数字原住民群体而言，虚拟世界是像真理一样自然而然又不可或缺的存在。他们出生和成长于一个现实世界和虚拟世界的边界逐渐消融的时代，对于虚拟世界的理解和认可将远超历史上任何一个时期的人。无论对于虚拟偶像、虚拟角色的情感投射，还是对智能家电、人工智能的交流依赖，数字原住民的认知系统和行为模式都与老一辈人截然不同。未来会有更多的数字原住民在那个虚实融合的超智能环境中出生，他们将拥有怎样的自我认知、情感感知和价值体系？他们又将面对怎样的思想操纵、权利侵犯和秩序共识？今天的我们无法想象。

人与机器：当机器人开始思考

2019年的洛杉矶，俯视下的城市灯火通明。车子呼啸而过，发出空落落的回声。剧烈激荡的夜色下面是迷人而又坚硬的城市。苦雨飘零，落在脏水淋漓的街道上和行色匆匆的路人头上，全息投影的日本歌伎在高耸的玻璃幕墙上循环吟唱，高科技文明与传统文化共熔一炉。在这个荒芜阴暗的赛博世界里，人与非人都在努力寻找各自的生存意义。满面倦容的退休警察里克·迪卡德（Rick Deckard）在追捕复制人的任务中发现自己已经无法划清与对手之间的界限，深陷于一个人应该如何去"认识自我"和"寻找身份"

第五章　灵境：数字文创的明日想象

的古老命题中。当人类在颓败凄绝的都市中痛苦挣扎的时候，复制人罗伊·巴蒂（Roy Batty）带着自己对生命炙热而又灿烂的挚爱和对人类的恨意，杀死那位只给复制人四年生命的科学家，之后吟诵着瑰丽的诗篇①高贵地死去。

这是英国电影导演雷利·史考特（Ridley Scott）在1982年完成的杰作《银翼杀手》（*Blade Runner*）中呈现的场景。这部带有强烈反思气质和人文精神的影片呈现了一个黑暗无望的未来世界，向我们透露出人们心中隐藏的对于未来的恐惧、对造物者的质疑以及对于自己身份认知的不确定感。真实的2019年已经远去，人类并没有陷入电影中那荒芜阴暗的不真实幻境中，但影片中提出的对人和非人价值的审视，在今天这个人工智能飞速发展的时代更加值得深思。

无论机器人，还是虚拟人，人工智能都是影响其与人自然交互、实现情感和认知模拟的关键技术。从可应用性看，人工智能大体可分为专用人工智能（ANI）和通用人工智能（AGI）两种。人工智能的近期进展主要集中在专用智能领域，由于任务单一、需求明确、应用边界清晰、领域知识丰富、建模相对简单，专用人工

---

① 指影片中复制人罗伊在自己的生命即将终结之时留下的经典台词："我曾见过你们这些人不会相信的事情。我目睹了战船在猎户星座的端沿起火燃烧，我看着C射线在唐怀瑟之门附近的黑暗中闪闪发光。所有的这些时刻，都将湮没在时间的流逝中，一如眼泪，消失在雨中。死亡的时刻到了。"

智能已经在局部智能水平的单项测试中超越人类智能，并在面部识别、交通管理、数据分析、安防监控、虚拟客服等层面达到专业水准。近年来，随着预训练技术的发展和计算机硬件的提升，生成式人工智能已经能够根据需求创造性地生产新的内容，被视为专用人工智能走向通用人工智能的转折点。目前生成式人工智能已经在文本、代码、图像、视频和音频等领域取得突破性进展，继而会对人工智能驱动的内容创作行业带来著作权归属、经济利益分配、责任担当等多方面的问题。相关的法律和政策也在不断更新和探索中[①]，以保持与时代发展同步。

虽然目前通用人工智能领域的研究与应用还不成熟，但距离其真实实现也就只剩下时间问题了。当机器人或虚拟人变得越来越复杂，可能具备科幻作品中提到的自我认知、情感体验和自主决策能力时，它们是否应该享有与人类相同的权利和保障？我们将如何定义它们与人类的关系？它们是否会出现技术失控的风险？当然，这些问题目前仍然是纯粹的哲学和伦理讨论，各国普遍强调要在注重人的尊严和人权，以及性别平等、社会和经济正义与发展的基本框

---

① 2023年，中国首例"AI文生图"著作权侵权案一审判决生效。该案的判决首先确立了现阶段AI系统在法律上不具有主体地位，只能被视作一种创作工具的原则；人在法律上依旧被视为作品的作者，同时判决还赋予利用人工智能生成的图片以著作权法保护，并肯定了AI使用者"创作者"的身份。判决对AIGC引发的诸多著作权难题进行了探索和尝试，也为后续类似案件的处理提供了参考和借鉴。

第五章　灵境：数字文创的明日想象

架下，激励合乎伦理的研究和创新，确保人工智能的发展处于人类的监督和控制之下，希冀利益攸关方能够在全球文化对话的基础上共同承担责任。

未来令人期待，也令人担忧。

未来不仅正在发生，还将由我们来塑造。

第二十节　人文经济学：可持续的商业创新

在经济增长乏力的大背景下，世界地缘政治稳定秩序面临着巨大的现实压力。与此同时，数字技术飞速迭代，以人工智能技术为代表的"技术奇点"[①]日益逼近，给人类的未来带来更多不确定的挑战。这个日益复杂化、动态化、多元化的世界，亟须回归以人文精神为核心的价值判断体系，以科学理性和人文精神的有机结合来激活经济增长与文化繁荣。

数字时代的人文经济学

人是经济活动的主体，有了人类就有了经济活动。经济活动是

---

① 技术奇点（Technological Singularity）是一个假设性的未来时间点，在此之后技术进步的速度会快到无法预测或理解。这个概念是由数学家和科幻作家弗诺·文奇（Vernor Vinge）在1982年的一篇论文中明确提出的，后来由雷·库兹韦尔（Ray Kurzweil）等思想家进一步推广。

第五章　灵境：数字文创的明日想象

人类最基本、最自觉、最具社会性的活动。人类个体或群体为了满足自身需求而进行生产、分配、交换和消费活动，这些活动构成了经济体系的基本单元，也是经济学关注和研究的内容。可以说，经济学在其诞生之初就带有浓厚的人文情怀，经济学本质上是一门关于人类行为、社会结构和价值判断的人文学科。

汉语里的"人文"一词，最早出自《易经》："观乎天文，以察时变；观乎人文，以化成天下。"在中国文化语境中，人文精神从一开始就把自然、人性和历史视为一个有机的整体，强调积极入世的人生态度，这是中国传统文化人文主义的基本特征。儒家的"人学"即"仁学"，关注个人在社会关系中的行为和道德修养，强调个人品德的培养和社会责任的担当，形成了一套"正心、诚意、修身、齐家、治国、平天下"的内外连环的大道理。儒家在农本经济为主的中国历史上绵延两千余年，与西方倡导"人的自我意识觉醒"的人文主义相去甚远。

14世纪，人文主义（Humanist）作为西方文艺复兴时期的主要思潮发轫于意大利沿海城市，在此后的两个世纪遍及西欧。人文主义者从人性论出发主张思想自由和个性解放，强调人的自主性、创造性和个体性，承认人的复杂需求，呼吁政府政策体现出人文关怀精神，提倡人的尊严应该在政治、经济、文化、社会等领域得到尊重。然而，这种"以人为本"的传统被后来的主流经济学埋没了。

源于西方的主流经济学历经百年，已经构建起完整的理论体系和分析框架。主流经济学的本质是实证的，将成本与收益分析作为基础内容，关注的核心是资源配置的效率问题。在高度数量化分析的支撑下，所有"经济人"[①]的行为都被纳入一个在一定约束条件下求效用函数或目标函数最大值的模式中。然而，这种把经济问题当作自然科学的客观化对象进行物理性分析的做法，因其超社会、去伦理的特质而极易导致经济发展出现价值偏离。在现实生活中，市场失灵、市场非均衡、贫富差距拉大、人性异化等现象在不断挑战主流经济学的观点。从20世纪40年代开始，以赫伯特·亚历山大·西蒙（Herbert Alexander Simon）为首的经济学家对"经济人"范式进行了尖锐的批评，并提出了"有限理性"（Bounded Rationality）的概念。伴随着更多学者质疑和抵制经济学中的"数学逻辑形式主义"[②]和"工具理性"趋势，人文经济学思潮再次勃兴。当前，人文经济学的学术主张已经在多个层面对主流经济学提出强有力的挑战。由此引发的一个根本命题便是现代经济学中人与经济的关系问题。人是经济增长的动力、手段，还是经济增长的目的与归宿？显然，这关系到经济学乃至人类未来的发展。

[①] 经济人（Homo Eeonomicus），又称理性人，是经济学中的一个理论模型，用来描述一个理想化的、始终以完全理性和自利为行为准则的个体。批评者认为经济人模型过于理想化，忽视了人类行为的非理性方面，如情感、习惯、社会影响等，同时忽视了社会和伦理因素对经济行为的影响，如公平、正义和社会责任等。

[②] 数学逻辑形式主义是一种哲学和数学观点，它强调数学知识的基础在于逻辑形式和符号操作。这一观点主要由20世纪初期的数学家和逻辑学家，如大卫·希尔伯特（David Hilbert）和伯特兰·罗素（Bertrand Russell）等人提出和发展。数学逻辑形式主义的核心思想是，数学不是关于任何实际或抽象对象的研究，而是关于符号和它们的操作规则的科学。

第五章　灵境：数字文创的明日想象

人与经济既可能是良性的互动关系，也可能是异化的互动关系。主流经济学中的人文精神缺失为人文经济学的复兴提供了有利的空间。人文经济学的回归过程是对主流经济学不断发起挑战的过程。人文经济学关注的是主流经济学所忽略的领域，试图解决的是主流经济学暂时无法解决的问题。人是生物性动物、社会性动物和文化性动物的集合体，人不只是"经济人"，还是"社会人""文化人"。人文经济学试图构建一个以人文精神为核心的价值判断体系，主张人是经济增长的基础和动力。纵观人类历史上经济高速发展的实践，最典型的莫过于启蒙运动、工业革命，以及二战后的经济增长奇迹。在这些时期，人们既可以参与经济增长，又可以共享经济成果，人们的生活不断改善，对经济、社会、未来等充满期待。反之，在阶级矛盾加剧，人们的生活水平下降、信心不足的时期，经济发展往往停滞不前，甚至出现下行趋势循环。

当代世界经济与文明运行正在遭遇由数字与智能技术带来的人为不确定性。面对不确定，人们的一个重要选择就是降低消费、积累财富以应对不时之需，这在社会整体上的表现就是人们对未来经济的信心不足，以及整体经济运行动力不足。技术快速变化，经济停滞不前，技术、产业、空间、管理、情感、生活之间的不和谐加剧。人们在享受数字经济、智能文明所带来的动力与便利的同时，也在承受传统产业、习惯、心理等深刻转换所带来的代价与痛苦。当前数字文创产业发展中出现的种种问题，背后折射出的是过度追逐经济增长，缺乏对人性与人心层面的关照。数字文创产业未来的可持续发展依赖文化繁荣、社会和谐、政治稳定。只有始终尊重人民的精神需求，维护人民的根本利益，重振人民的发展信心，才能真正地拉动经济增长。对于数字文创产业而言，内容创意与商业创新更应从"人的全面发展"出发，通过提高人们的数字参与满意度，增强社会凝聚力和促进经济公平正义，进而驱动数字与文化、人文与经济的互动关系步入上行通道，形成良性循环。

新质生产力的商业创新

人类文明迄今已经历农业经济时代、工业经济时代及数字经济时代三个阶段。在农业经济时代，生产要素是土地与劳动；在工业经济时代，资本、技术、管理、知识等成为新型生产要素；发展至数字经济时代，数据成了核心驱动要素。在每一个时代，关键性技术实现突破、发生质变，必然会引发生产力核心要素的变革。在数字经济时代，新质生产力在数字化、信息化、智能化等背景下形成。数字文创作为新质生产力所依托的新兴产业之一，同样具有高科技、高效能、高质量特征，符合新发展理念的先进生产力质态。在"文化+科技"的双轮驱动之下，"上云用数赋智"助力文化产业智慧化升级，"数字技术+"赋能文旅深度融合发展。数字文创产业新业态创生、新场景涌现。在传统文化产业积极拥抱新质生产力之时，商业模式也将发生巨大的变革。

国内外关于商业创新的研究层出不穷，学者们基于不同的学科背景与应用场景对其展开研究，提出诸多数字技术驱动下文化企业商业创新的理论、实践、策略和路径。与文化产业相同，数字文创本质上也是一种意义和价值的生产。但数字文创的生产、流通和消费等环节受数字技术的影响而表现出与此前文化产业不尽相同的特征。传统意义上的商业创新是整合组织、利益相关者，以获取超额利润为目的而采取的制度安排与创新意图。数字文创的商业创新则需要充分结合中国式现代化的人文底色，反思传统商业创新策略的利弊，注重创造可持续的高质量发展范式。

商业战略：回归价值主张的人本化

价值主张是商业创新的重要组成部分，通常被视为一种战略工具，最早用于阐明企业如何通过消费者认为有价值的属性去分析消费群体，并将所创造的价值传递给消费者。典型的价值主张类型包括经济、功能、情感和象征等。无论从何种维度上进行划分，它最终都是企业向消费者提供价值的承诺。

价值主张需要不断适配社会的动态发展情境。企业通常会基于对内外部环境的感知、资源的获取，以及自身的能力等多重因素构建有效的价值主张。而在数字化背景下，人们表现出来的最迫切的需要是信息度、诚信度、差异度和关怀度。针对当前人们普遍存在的焦虑和惶恐情绪，回归"以人为本"的价值主张有助于突破传统运营思维，进而围绕价值主张形成系统的商业模式，解决人民日益增长的美好生活需要和不平衡不充分的发展之间的矛盾。数字文创商业战略创新的起点、动力和目标都需要立足于"人"，使自身价值主张与人的深层次需求产生共鸣，并以此为基点不断提高数字文创产品的供给能力，促进数字文创产业健康发展。

商业技术：重塑价值创造的主体性

价值创造是以价值主张为基础，聚焦需求侧（受众）的消费体验及主观感知，强调满足个性化和多元化的用户需求。自古以来，文化的生产都在不断地吸纳新生的技术。在数字经济时代，价值创造的过程融入了智能化、数字化和网络化等形式。尤其是以AIGC为代表的新型数字文化内容生产模式，通过个性化内容定制、人机共情塑造影响人们的感性认识并涉足精神文化领域。相比传统文化产业的价值创造，AIGC呈现出自动化、大批量和高效率等特点，并且面向不具备专业技术条件的人提供了低门槛的准入途径，极大地扩充了数字文创从业者的覆盖面，真正意义上形成了创意者网络和创意阶层，构建出了推动社会创新的创意生态。

从长期发展来看，新的技术环境改变了企业连接相关利益者的范围与方式，进而推动数字文创建立新的参与形式。从整体上讲，数字技术对文化产业的深刻影响及二者的共生趋势不可逆，但数字技术中隐含的伦理和治理风险必须得到正视。数字文创的长效发展离不开其对人类主体性的聚焦，仍需秉持"以人为本"的价值主张，注重人类与机器互相衡量，共同推动内容生态发展，创造更好的精神文化体验。

商业营销：构建价值传递的连接性

价值主张和价值创造的成果需要经过价值传递的过程方能抵达受众，实现产品销售和获得消费者认可。价值传递的过程往往通过营销手段实现，不同的时代有着不同的营销理念、传播方式和品牌策略，甚至催生了新型客户关系管理方式。

在当前的数字技术与营销环境下，商业营销创新的重心多集中于社交网络媒体领域。数字技术手段的成熟，推动商业营销呈现出与以往不同的科学性和预见性，但这也让许多品牌陷入了过度追求流量效果和数据转化的陷阱。传递独特的价值主张、强化自身品牌连接变得越来越重要。

于数字文创产业而言，价值传递的有效性取决于内容的质量与创新。这意味着数字文创的商业营销创新要以内容为支点和入口来构建系统性连接。在营销对象方面，要激活消费者参与的共创连接，培育跨越代际的认知连接；在内容生产方面，要注重身份认同的文化连接，挖掘唤起共鸣的情感链接；在营销手段方面，要表达时代审美的美学连接，形塑多元体验的场景连接。

商业管理：强化价值获取的共创性

价值获取聚焦供给侧的收益方式及竞争优势，而数字技术与文化资源的结合，将以共创的方式，持续改良甚至重构数字文创产业的价值获取逻辑。

从成本结构来看，当前数字技术的开放性和供应链的完备性，大幅降低了数字文创产品的开发成本。基于成熟的商业化数字技术平台，数字文创产业的从业者从自身实际出发，理性采用适宜的数字技术，即可规避大量的数字基础设施投入，专注于文化资源的核心价值生产和基本功能实现。同时，通过文化资源的数字化共享，能够吸引大量创新主体以较少的投入参与共创，突破传统文化资源开发的机制瓶颈、资金瓶颈、人才瓶颈等供给端问题，促进整体产出水平的提升。因此，数字文创产业的从业者需要主动树立适应数字经济发展要求的意识，培育数字创新导向的组织文化，识别生态环境中潜藏的数字化机会，积极投身于数字产品创新。

从收入模式来看，新兴数字技术的广泛使用颠覆了传统视野中"生产者-消费者"的观念与模式。新生代、深互动、交互式的受众参与不仅为数字文创产业带来高黏性的消费群体，更有可能使其从文化生产的单向输出模式向动态交互的共创模式转变，形成内容生产的自增长闭环，产生巨大的文化正外部效应和创意扩散效应，在不同产业之间和不同地域之间形成跨界创新，最终推动收入来源多元化。

社会责任：注重价值支持的人文性

随着数字文创产业的深入发展，未来的文化消费产品或将完全不同于早期虚拟世界的数字体验。现阶段数字文创产业的发展已经暴露出诸多治理层面的问题，对数字文创产业领域的企业社会责任创新提出了新的要求。

回顾文献发现，大多数学者支持企业社会责任对创新的正向促进作用。企业社会责任的实践从早期形式单一的公益捐赠，到"社会企业""企业公民""绿色创新"等创新性理论与解决方案倡导，逐渐形成对商业创新可持续发展的价值支持体系。数字文创产业的发展指向满足人们文化消费的极致需求，它不仅仅是一个产业门类的新概念，更是一种数字文明的新形态。从整体上看，数字文创产业的发展导向必然从效率效用向人文关怀转变，企业社会责任创新的视野将立足于文明进步、经济发展的人文性，全面观照人们的心理和生理和谐，全力满足人们的公平和共同发展需求。

后记

当我们不再理解世界

1776年,英国发生了两件足以影响人类发展进程的事件。詹姆斯·瓦特(James Watt)将蒸汽机改良为一种实用且强大的工业动力源,开启了轰轰烈烈的第一次工业革命。亚当·斯密所著的被誉为现代经济学开山之作的巨著《国富论》(*An Inquiry into the Nature and Causes of the Wealth of Nations*)面世。这部作品确立了他在古典政治经济学方面的地位,并深刻影响了后来的经济学发展。工业化与现代经济学几乎同时发轫,新旧技术的交替革新,为经济学提供了新的研究对象和分析工具,继而加速了技术-经济范式的形成。在此后的漫长岁月中,经济学理论流派每一次的迭代都与技术领域的革命性突破有着千丝万缕的关系。

1818年,英国作家玛丽·雪莱(Mary Shelley)匿名出版了一部关于疯狂科学家通过非自然的科学实验创造人造生命体的小说。故事里的人造生命体在被创造出来后,由于外表丑陋而被人类社会称作"怪物"。它经历了被排斥的孤独和痛苦,逐渐学会了语言并具备了高度的智慧。它请求科学家为其创造一个伴侣,

后记

以结束它的孤独,但科学家因担心怪物种族繁衍而拒绝了这个请求。随后它开始向人类造物主发起挑战。这部名为《弗兰肯斯坦》(*Frankenstein*)的作品起初被归入哥特式小说类别,之后又被尊为科幻小说的开山之作。对这部作品最初的评论褒贬参半,但在它诞生后的第二个百年里,它赢得了多数文学作品望尘莫及的知名度。后来人们发现,《弗兰肯斯坦》的内涵异常丰富,涉及遗传学、基因突变、机器人学、社会工程学、精神分析学、伪科学、机械论、反乌托邦等一系列科幻母题,成为众多更加精巧且深刻的科幻小说和影视作品的源头。1851年2月,玛丽·雪莱去世。几个月后,旨在展示人类工业和科技发展成就的万国工业博览会在伦敦水晶宫拉开序幕。在此之后,现代科技发展和人类想象力不断跃迁,人类对科技的爱与怖也从未停止。

1950年,科幻大师艾萨克·阿西莫夫(Isaac Asimov)在小说《我,机器人》(*I, Robot*)中用"弗兰肯斯坦情结"(Frankenstein Complex)一词来描述人类对仿真机器人的担忧和恐惧,这也是阿西莫夫在小说中设定"机器人学三定律"的缘由。就在同一年,计算机科学之父艾伦·图灵(Alan Turing)发表了一篇名为《计算机器与智能》(*Computing Machinery and Intelligence*)的论文,前瞻性地提出了"机器是否会思考"的问题。图灵相信计算机最终将可以进行与人类没有区别的思考,并提出了"图灵测试"(Turing Test)来评估机器是否具有智能。如今,这篇论文被广泛认为是人工智能研究的基础。差不多在同一时期,由阿道司·赫胥黎(Aldous

Huxley）的《美丽新世界》（*Brave New World*）、乔治·奥威尔的《1984》（*Nineteen Eighty-Four*）以及叶甫盖尼·伊万诺维奇·扎米亚京（Yevgeny Ivanovich Zamyatin）的《我们》（*We*）组成的"反乌托邦三部曲"，通过独特的社会构想，深入探讨了科技对人性的影响，个体与社会的冲突，隐私与安全问题，以及自由与幸福的真正含义。作家们对人类未来可能面临的道德和哲学问题的思考，给技术的外部影响竖起了醒目的警示牌。

时至今日，我们依然在讨论这个问题。不同的是，它不再是作家笔下天马行空的想象。随着技术特别是人工智能技术的发展，很多人相信人类或将达到一个临界点，之后人工智能将能够进行自我改进，并且进化的速度将迅速加快，远远超出人类的理解能力。"技术奇点"引发了一系列伦理和哲学问题，包括机器的权利、人类存在的意义，以及人类如何控制和利用这种强大的技术力量等。这可能导致人类文明发生根本性变化，也可能使人类社会陷入越来越大的矛盾和危机中。从2023年到2024年，呼吁暂停人工智能研究的声音几乎没有停过，引爆这一轮人工智能技术变革的OpenAI公司还因此爆发了激烈的内斗。这场备受瞩目的内斗，被普遍认为与人工智能的发展路线之争有关。对大模型不计成本的投入，对超级人工智能的长远追求，以及对技术力量的信仰，使得ChatGPT能够做到厚积薄发。但随着大模型开始以生产工具的形态不断进入各个领域，OpenAI来到了一个分岔路口：首席执行官萨姆·奥特曼（Sam Altman）被看作支持商业化和快速推进技术的代表，而首席科学家伊利亚·苏茨克维（Ilya Sutskever）等人则认为应对AI安全性和控制保持谨慎。无论商业务实者还是技术乌托邦，足够多元和丰富的声音，才能够帮助当下彷徨的我们尽可能做出正确的决策，避免走向未知的歧途。

古时车马很慢，书信很远。在长达数千年的农耕社会里，人类一直是过着日出而作、日落而息的生活。如今我们每天的生活场景被快速刷新，我们总是在浑浑噩噩、无知无觉地忙碌度日。在快节奏与强压力之下，人的焦虑与困境总会出现。尤其在过去的数年间，我们经历了世界的动荡、周遭的变故和过去的坍塌，生活远比戏剧来得更加无常虚妄。曾经听着崔健吟唱"不是我不明白，这世界变化快"的那一代人，越来越无法理解眼下的世界。剧烈的地缘政治变化，汹涌的经济民族主义和贸易保护主义，失衡的政府、资本和社会信任……种种曾经稳固的东西，叠加于倍速发展的数字技术之上，让曾经我们所熟悉的一切开始变得模糊与不可预测。我们张开双臂拥抱技术带来的新的可能，却不由地在心中暗暗发问：若人工智能已经通过"图灵测试"，"弗兰肯斯坦"会成为现实吗？当人工智能从简单的实验室场景走入复杂的现实世界时，我们要如何确保人工智能在接过掌握世界的权柄之后会让这个世界变得更好？没有人有现成的答案，我也没有。这就像是我们以世界的命运作为赌注，安排了一场与机器的对弈。没有人能够保证稳赢，而无论胜负，人类都无法摆脱当局者迷的命运。

这本书的创作原点根植于我的老师向勇教授在文化产业前沿领

域的探索，他的指引与教导对我影响至深，他的视野和洞见激励我对数字人文议题的持续研究。在此还要特别感谢电子工业出版社的郭景瑶、刘晓等编辑老师的辛苦付出，书中所有的谬误与不当之处，责任均由我承担。我的笔力与阅历终究有限，仅能以个人狭隘的视野去探索一个非常宏大的话题，希望从当前的浮萍之末去思量数字时代的文化生产与消费风向。从提笔写下这本书的第一行字开始，我查阅了大量的技术资料和参考文献。随着写作进度的推进和信息的积累，尤其是在不断感知全球数字技术飞速迭代的冲击之下，我一度陷入深刻的怀疑与反思。印象比较深刻的是我读到的一则关于数据注释解决方案公司Sama的报道。记者关注到给ChatGPT、自动驾驶汽车等人工智能所需的庞大数据提供喂养、筛选、标记、归类、审查的人，他们来自肯尼亚难民营和委内瑞拉贫民窟。记者描述了其中一位26岁的单身母亲布兰达（Brenda）的工作场景：

"她穿过巨大的、尘土飞扬的难民营，前往营地中央摆满电脑的棚屋。她每天辛苦工作，包括视频分类、转录音频、算法识别……敲击电脑的微工作是她为数不多的好一点的选择，虽然这样的工作不稳定、艰辛，工资微薄。办公环境拥挤不堪、密不透风，布满了乱成一团的电缆电线，与宇宙'新主任'们生活居住的'天国'形成鲜明对比。亚马逊首席执行官杰夫·贝索斯1小时能赚1300万美元，而一个难民教授贝索斯的算法1小时仅赚几美分……"

后记

  数据注释和训练本质上是一项极其无聊的工作，充满了重复且永无尽头的任务。在人工智能自动化的乌托邦实现之前，"人类即服务"的新型社会图景已经呈现。不是科技造福人类，而是人类给科技打工。

  当然，人工智能所带来的冲击远不止于此。AI在融合几千年的人类文化成果之后，在文本写作、艺术绘画、音乐制作、视频生成等方面展现出惊人的创造力。吊诡之处在于，人类创意者的劳动变成了大数据的养料和耗材，用以喂养AI，最终淘汰自己。写作中途我停笔数月，那段时间萦绕在耳边的声音仿佛在不停追问："你玩创作，你玩它有啥用啊？"就像OpenAI的内斗以奥特曼重返董事会，并与微软达成合作作为结束，我的困惑也只能在对自我的调适中终止。你我皆为凡夫俗子，无力抵抗时代落下的一粒灰尘。与人工智能和机器相比，我们唯一的优势也便只剩下更擅长于做人这一点了。技术无情也罢，资本残酷也罢，世事变幻无常也罢，最终唯有你需要对你自己的生命质量负责。我终究不愿浑噩潦草度日，只盼找到内心新的可能，安度此生茫茫长河。

  我们都是微尘，却仍受片时光照。

  表达，阅读，思考，得以触摸深处的自己。

  许是此书的意义所在。

巩强

甲辰年端午，成都初稿

冬至，北京定稿

未经许可，不得以任何方式复制或抄袭本书之部分或全部内容。
版权所有，侵权必究。

图书在版编目（CIP）数据

数字未来：文化创意与明日商业 / 巩强著.
北京：电子工业出版社，2025. 4. -- ISBN 978-7-121-49855-8

Ⅰ．G114-39

中国国家版本馆 CIP 数据核字第 2025NH7564 号

责任编辑：郭景瑶　刘　晓
印　　刷：中煤（北京）印务有限公司
装　　订：中煤（北京）印务有限公司
出版发行：电子工业出版社
　　　　　北京市海淀区万寿路 173 信箱　邮编：100036
开　　本：880×1230　1/32　印张：9.25　字数：236.8 千字
版　　次：2025 年 4 月第 1 版
印　　次：2025 年 4 月第 1 次印刷
定　　价：79.90 元

凡所购买电子工业出版社图书有缺损问题，请向购买书店调换。若书店售缺，请与本社发行部联系，联系及邮购电话：(010) 88254888，88258888。
质量投诉请发邮件至 zlts@phei.com.cn，盗版侵权举报请发邮件至 dbqq@phei.com.cn。
本书咨询联系方式：(010) 88254210，influence@phei.com.cn，微信号：yingxianglibook。